INSOUMISSIONS

THIERRY PECH

INSOUMISSIONS

Portrait de la France qui vient

ÉDITIONS DU SEUIL
25, bd Romain-Rolland, Paris XIVe

ISBN 978-2-02-132836-3

www.seuil.com

Introduction

Un petit village résiste… Ces mots qui ouvrent la saga des aventures d'Astérix sonnent comme une seconde devise nationale. D'esprit frondeur, les héros débonnaires de Goscinny sont des emblèmes d'indépendance et de liberté : des insoumis. Insoumis à l'envahisseur étranger bien sûr – le souvenir des années d'occupation n'est jamais loin. Mais insoumis aussi à une paix romaine à travers laquelle on reconnaît, d'album en album, toutes les marques du processus de modernisation qui déferle sur l'Hexagone dans les décennies d'après-guerre.

Depuis l'aube des années 1960, les aventures d'Astérix sont en effet le miroir fidèle des mutations de la société salariale et consumériste. Tout y est : le SMIG (« Sesterce Minimum d'Intérêt Gaulois »), le développement de la publicité (« Super Persique, la lessive qui lave plus pourpre ! »), le travail à la chaîne (les ouvriers de l'architecte égyptien Numerobis), les vacances en Espagne (*Astérix en Hispanie*), les joies de la négociation sociale (le syndicaliste numide Duplicatha qui menace de déclarer la « guerre servile »), la fièvre des campagnes présidentielles (*Le Cadeau de César*), les supermarchés (« C'est ça l'avenir : les marchés où on se servira tout seul »), les grands départs (les embouteillages de chars et de « maisons roulantes » sur la « voie romaine VII »), les HLM (« Habitations Latines Mélangées »), les technocrates (les « néarques » tout juste sortis de la « Nouvelle École d'Affranchis » de César), les divertissements de masse (*La Piste aux étoiles* évoquée sous les traits d'un Jean Richard transformé en dompteur malheureux)[1]...

Rien n'échappe à l'œil critique des irréductibles Gaulois qui portent sur l'histoire en train de se faire un regard à la fois candide et impitoyable. Deux décennies durant[2], ils fixent les hésitations et les ambiguïtés d'une société engagée dans un cycle de transformations haletantes. Enveloppée dans un esprit de résistance joyeuse et de bonhomie démocratique, la verve parodique n'en pointe pas moins les limites et les angles morts du modèle qui se met en place : le progrès y tourne parfois à l'aliénation, l'exercice de la liberté au conformisme de masse, et la quête de la richesse à la négation des valeurs humaines les plus élémentaires. Dans l'exclamation fétiche des héros – « Ils sont fous, ces Romains ! » – se devine un autre étonnement : « Ils sont fous, ces modernes ! »

Cette société en phase de modernisation rapide, c'est celle qui a forgé le contrat implicite à l'ombre duquel nous avons grandi. Les termes de ce contrat, qui réglait à la fois nos façons de travailler, d'échanger et de nous gouverner, peuvent se résumer de façon très simplifiée : sécurité professionnelle, éducation et pouvoir d'achat contre subordination salariale, consommation de masse et docilité politique.

1. Les amateurs pourront se reporter à Nicolas Rouvière, *Astérix ou la parodie des identités*, Paris, Flammarion, « Champs », 2008.
2. La série change de nature et de ton après la mort de Goscinny en 1977.

La spectaculaire expansion des classes moyennes à partir des années 1950 en a été l'un des résultats les plus visibles. Ces catégories ont profité à plein de l'allongement de la durée des études comme levier d'une promesse de promotion pour elles-mêmes et pour leurs enfants. Elles ont pu valoriser leur capital culturel en se projetant dans des carrières professionnelles à la fois longues et continues, tout en bénéficiant des garanties liées aux grandes assurances sociales. Et elles ont vu leurs revenus augmenter au rythme d'une croissance économique vigoureuse. Ces conquêtes en ont fait, aux yeux du reste de la société et particulièrement à ceux des classes populaires, l'avant-garde du progrès collectif et le modèle de réussite sociale de beaucoup de salariés modestes.

En échange, ces mêmes catégories ont largement consenti à la subordination inhérente au salariat qui devenait simultanément la forme quasi hégémonique de relation d'emploi. Elles se sont conformées aux attentes d'une société de consommation où l'accumulation des biens s'imposait comme horizon d'accomplissement social et de réalisation de soi ; et elles ont tourné le dos aux radicalités idéologiques pour rejoindre les rangs des formations politiques qui défendaient le mieux leurs valeurs, leurs intérêts et leurs aspirations.

Ce contrat implicite, qui a largement façonné le discours des forces politiques de gouvernement, est aujourd'hui contesté, et pas seulement dans les classes moyennes. Un vent d'insoumission est en train de se lever dans notre pays. Et ce, d'abord, sur le terrain des relations d'emploi où le *deal* subordination contre sécurité ne prend plus. La forte progression de la précarité et du risque de chômage, y compris chez les actifs qualifiés, a miné ce pacte. Le phénomène connu sous le nom d'« ubérisation » ne fait qu'ajouter à un processus plus ancien et plus profond : aux relations d'emploi traditionnelles se substituent progressivement, depuis vingt ans, non seulement des relations de donneurs d'ordres à prestataires plus ou moins indépendants, mais un large éventail de variations statutaires nées des infinies combinaisons du droit du travail, du droit de la protection sociale, du droit fiscal et du droit commercial. Aux marges du salariat classique s'est ainsi développée une vaste zone mixte dessinant un long continuum de situations, du statut traditionnel d'emploi à l'indépendance pure en passant par toutes les hybridations imaginables.

Contrairement à une idée répandue, les forces qui conduisent à cette société « postsalariale » ne sont pas uniquement celles – tout à fait réelles – d'un capitalisme perpétuellement en quête de flexibilité et de mobilité. Elles procèdent aussi d'une demande sociale d'autonomie et d'un nouvel idéal du travail, notamment chez les plus jeunes et les plus qualifiés. L'idée même de subordination fait de moins en moins sens aux yeux des nouveaux entrants sur le marché du travail. La figure du salarié stable et inscrit dans des collectifs protecteurs recule aussi à mesure que se développe et se diversifie celle de l'entrepreneur, ce « maître de lui-même » dont les visages vont du petit chef d'entreprise à l'autoentrepreneur en passant par l'indépendant, le « slasher[1] » ou le « hacker »… La norme d'autonomie qui s'illustre ici ne procède plus, comme par le passé, d'une action libératrice de l'État social ou d'une revendication d'émancipation par les institutions, mais du gouvernement de soi.

1. On nomme ainsi le « pluri-actif » qui poursuit plusieurs activités en même temps, salariées ou non. Voir *infra* chapitre IV.

Le contrat implicite de la société salariale est également contesté sur le terrain des échanges marchands. Le consommateur sort peu à peu du troupeau obéissant des masses consuméristes où l'avait enfermé la révolution commerciale des années 1960. Habité par une méfiance croissante à l'égard des puissances économiques, du marketing et de la publicité, il se détourne des pratiques et des rituels de la « société de consommation » telle qu'elle était apparue il y a un demi-siècle. Des institutions hier aussi dominantes que les hypermarchés commencent à décliner. Le développement du commerce en ligne et des grandes plateformes collaboratives offre au consommateur des outils inédits pour donner son avis, comparer les prix, prescrire ou déconseiller, échanger entre particuliers, vendre ou acheter d'occasion. Dans le même temps, la demande de services individualisés et de produits singuliers l'emporte sur celle de nouveaux biens d'équipement standardisés. Dans l'imaginaire de la liberté et de l'accomplissement personnels, les instruments numériques sont sur le point de supplanter l'automobile qui avait incarné pour trois ou quatre générations successives l'idéal d'émancipation individuelle.

Bref, les *Mythologies* de Roland Barthes sont assez largement à réécrire. Gagné par des passions critiques, parfois plus soucieux de l'usage des choses que de leur possession, et dans l'ensemble mieux informé, le consommateur contemporain ne veut plus se soumettre aux diktats des producteurs et des distributeurs : il veut reprendre la main.

Enfin, le contrat implicite est contesté sur le terrain politique. Les classes moyennes salariées, qui avaient été l'« appartement témoin » du monde des Trente Glorieuses et d'une démocratie pacifiée, ont progressivement perdu leur leadership social et leur centralité politique. Une part croissante des classes populaires ne croit plus guère au pouvoir d'entraînement de ces catégories intermédiaires sur leur propre destin. Les formations politiques de gouvernement qui ont le plus clairement surfé sur l'âge d'or des classes moyennes sont aujourd'hui accusées de faire le jeu des « bobos » contre « le peuple », des centres-villes *gentrifiés* contre les grandes périphéries urbaines, des cadres diplômés contre des ouvriers précarisés. Les réussites et les succès des uns ne sont plus regardés comme les avant-courriers du progrès des autres, mais, à tort ou à raison, comme les pièces à conviction de leur abandon. Lors des rendez-vous électoraux, des pans entiers des classes populaires font régulièrement le choix de l'abstention ou de la contestation, et des segments croissants des classes moyennes inférieures adoptent des comportements de rejet, persuadés d'être les « poires » d'un État-providence qui leur demande beaucoup et leur offre peu en retour. Ainsi, les coalitions électorales sur lesquelles les formations de gouvernement avaient l'habitude de s'appuyer se sont fracturées au profit d'une radicalisation croissante de diverses catégories sociales.

Les institutions représentatives elles-mêmes se trouvent sourdement remises en cause, et avec elles les hiérarchies qui les accompagnent. Non seulement parce que les élus sont considérés par beaucoup comme autant de membres d'un petit club travaillant à sa propre reproduction, mais aussi parce que les nouveaux outils de communication permettent un accès quasi immédiat et gratuit à l'espace et à l'expression publics. Au nom de quoi quelqu'un parlerait-il en mon nom quand j'ai moi-même les moyens de me faire entendre et quand j'estime être aussi compétent que lui sur les sujets qui me concernent ?

Cette défiance affecte également les institutions de la « société civile organisée » – partis, syndicats, organisations professionnelles, grandes associations partenaires de l'action publique, presse, médias… –, qui connaissent presque toutes, dans le même temps, une grave crise d'adhésion et de légitimité. Au total, les institutions politiques et sociales qui ont structuré la vie démocratique depuis les années 1960 ne permettent plus de fédérer largement la société et de la tirer sur un chemin de progrès et de réforme positive. L'épuisement idéologique et moral du pacte noué dans les années 1960-1980 a ouvert la voie à un puissant mouvement populiste à travers lequel une large part des catégories populaires dit son isolement et sa déréliction. Ce divorce fait le lit d'offres politiques de rupture de plus en plus puissantes.

L'insubordination du travailleur, l'insoumission du consommateur et la radicalisation du citoyen grandissent sur les décombres de la société salariale, des politiques de masse et du compromis postfordiste avec lequel elles faisaient système. L'esprit de fronde du petit village gaulois semble se réveiller, l'œil cependant plus sombre et le sourcil plus froncé qu'autrefois. Il semble loin le temps où la croissance soulevait tous les bateaux et où querelles et bagarres finissaient dans les bombances joyeuses d'un banquet au clair de lune au milieu d'une paisible clairière.

Moins bon enfant que les héros de Goscinny, les insoumis d'aujourd'hui n'ont pas pour autant épousé un programme d'action révolutionnaire : ce sont plus souvent des dissidents que des insurgés. Dans les portraits que la presse magazine consacre régulièrement aux slashers, aux hackers ou aux consommateurs rebelles, les formules ne manquent pas pour caractériser leur comportement : « ils ne veulent plus *changer la vie*, mais juste *changer de vie* » ; « ils n'attendent plus le *Grand soir*, mais simplement le soir »... Plus proches du « déserteur » de Boris Vian que de « l'homme révolté » d'Albert Camus, leurs modes d'action sont ceux d'une armée démobilisée qui s'éparpille en une multitude de mercenaires à leur compte : ils ont pour eux la force du nombre sans avoir besoin de se rassembler sous une bannière commune. Leur indocilité n'a d'ailleurs pas élu domicile sur un territoire idéologique déterminé. Elle ne se laisse pas enfermer dans la « résistance » à un « ordre libéral » ou mondialisé, comme voudraient le croire certains. L'insubordination au travail verse au contraire du côté d'une certaine idée de l'émancipation individuelle, de l'esprit d'entreprise et de l'autorégulation que ne renieraient pas les libéraux. Quant à l'insoumission du consommateur, elle ne fait pas signe en direction d'une contestation du marché en tant que tel, mais plutôt d'une quête d'authenticité, de liens sociaux et de transparence.

Cette indocilité ne se résume pas non plus à une sorte de programme libertaire écrit à l'intention des plus mobiles, des plus qualifiés et des plus créatifs : la radicalisation du citoyen est au contraire sous-tendue par des offres politiques peu amènes à l'égard des élites et souvent nostalgiques des régimes d'autorité et de discipline qui ordonnaient le monde ancien et que contestent les nouvelles demandes d'autonomie. Au total, le tableau des insoumissions contemporaines dessine les contours d'un problème plutôt que le profil d'une psychologie commune ou d'une nouvelle idéologie collective.

Non seulement elles ne convergent pas, mais elles sont en tension les unes avec les autres. Les préoccupations et les visées du consommateur critique, qui cherche par tous les moyens à se soustraire aux diktats du marketing et de la distribution, ne sont pas spontanément cohérentes avec les intérêts des entrepreneurs, des indépendants et de tous ceux qui sortent aujourd'hui du salariat classique. Quant aux formations politiques radicales ou extrémistes qui incarnent la rupture avec la docilité politique des décennies passées et auxquelles un nombre croissant de citoyens apportent leurs suffrages, elles sont souvent arc-boutées sur la défense du monde d'hier, alimentant une nostalgie amère pour les équilibres perdus plutôt qu'une vision positive de l'avenir. Pis, elles entretiennent une demande d'ordre et d'autorité aux antipodes de l'aspiration à l'autonomie qui parcourt dans le même temps les mondes du travail et de la consommation. Ainsi va grandissant l'écart entre une société éprise d'émancipation et de renouvellement, d'un côté, et une cité démocratique tétanisée par la peur du monde qui vient, de l'autre.

C'est à l'exploration de cet étrange bouquet d'insubordinations rivales que cet essai est consacré. Il a l'ambition de rassembler les divers signaux d'un changement d'époque, d'identifier les figures dominantes de l'ordre à venir et de tracer, chemin faisant, les linéaments d'un renouvellement du progressisme à l'épreuve de ces bouleversements.

Première partie

L'insubordination du travailleur

I

Le crépuscule de la société salariale

Le développement du salariat fut au cœur du contrat social noué au lendemain de la Seconde Guerre mondiale. Garantissant l'accès à la stabilité professionnelle et à la sécurité sociale, il permit de combler progressivement le déficit d'intégration qui avait si longtemps caractérisé les classes populaires. Mais il faut revisiter l'histoire pour percevoir la singularité de la « société salariale » qui se met alors en place.

Habitués aux standards et aux protections qui caractérisent la condition des salariés contemporains, nous peinons à imaginer la misère et l'insécurité qui furent le lot quotidien de leurs devanciers dans l'ère préindustrielle. Avant le milieu du XIXe siècle, le présalariat rassemble ceux qui n'ont que leur force de travail pour gagner leur pain[1] : ils vivent dans la dépendance et l'incertitude les plus complètes, englués dans le règne des nécessités matérielles les plus quotidiennes. « Hommes de peine et de main », gagne-deniers, domestiques,

1. L'historien et sociologue Robert Castel recense onze formes de salariat ou semi-salariat préindustriels, des compagnons des métiers qui en formaient l'élite jusqu'au prolétariat naissant des premières concentrations ouvrières. Voir Robert Castel, *Les Métamorphoses de la question sociale. Une chronique du salariat* (1995), Paris, Gallimard, « Folio Essais », 1999.

serviteurs, « chambrelans », ouvriers agricoles, commis, lingères, blanchisseuses, couturières, garçons de bureau… Tous occupent les étages inférieurs de la société, voire ses marges. Certains sont bien sûr mieux lotis que d'autres : le maître ruiné travaillant à présent pour un marchand s'en sort mieux que le simple manœuvre. Mais ils sont dans l'ensemble à la fois dominés et méprisés. Comme l'écrit le sociologue Olivier Marchand, « le rapport salarial est alors un héritier pas si éloigné de la corvée féodale[1] ».

Aucun droit ne reconnaît ni ne compense l'inégalité qui caractérise la relation entre employeurs et employés. Aveugle aux réalités vécues, le Code civil de 1804 dispose que le contrat de travail (à l'époque, le « louage d'ouvrage ») est « un contrat par lequel l'une des parties s'engage à faire quelque chose pour l'autre, moyennant un prix convenu entre elles ». Une simple transaction, en somme, entre des individus supposés également libres[2].

Aucune protection collective n'est accordée aux travailleurs en cas de maladie, de handicap, d'accident ou d'incapacité quelconque : si le malheur vient à les frapper, ils ne peuvent

1. Voir Olivier Marchand, « Salariat et non-salariat dans une perspective historique », *Économie et statistique*, 1998, vol. 319, n° 319-320, p. 3-11.

2. Discutant les thèses de l'histoire sociale classique, certains historiens font observer que le caractère très libéral du droit civil hérité de la Révolution française répond aussi aux attentes d'une partie du monde ouvrier : la contractualisation des relations d'emploi permet aussi aux travailleurs de sortir d'un monde où ils seraient taillables et corvéables à merci. Selon Claude Didry, les désaccords viendront moins du « louage d'ouvrage » à proprement parler que du « marchandage » auquel il donne lieu. Claude Didry, *L'Institution du travail. Droit et salariat dans l'histoire*, Paris, La Dispute, « Travail et salariat », 2016.

compter que sur eux-mêmes, leurs proches, les solidarités de voisinage ou les œuvres de la paroisse. Dans une société largement fondée sur la propriété privée, ceux qui ne possèdent rien n'ont aucune roue de secours en dehors de ces dépendances de proximité.

Considéré comme une forme d'aliénation par les premiers mouvements ouvriers, le salariat ou ce qui le préfigurait était jugé tellement indigne que la jeune Confédération générale du travail (CGT) qui voit le jour en 1895 fait de son abolition l'un de ses premiers objectifs. Cette revendication inspirée à la fois par le marxisme et l'anarchisme, que l'on retrouve chez les pères fondateurs du syndicalisme révolutionnaire comme Fernand Pelloutier ou Georges Sorel, demeure d'ailleurs inscrite dans les statuts de la centrale jusqu'à la fin des années 1960.

Entre-temps, les choses ont pourtant bien changé. La vulnérabilité du salarié a commencé à être reconnue. Le droit du travail qui se développe à partir de la fin du XIXe siècle repose sur la nécessité de rétablir un minimum d'égalité dans les rapports entre employeur et employé. La formule du révérend père Lacordaire, détournée de son contexte, en résume l'essence pour plusieurs générations de militants : « Entre le fort et le faible, entre le riche et le pauvre, entre le maître et le serviteur, c'est la liberté qui opprime, et la loi qui affranchit[1]. » La loi dont il est question sous la plume du dominicain en 1848 est en réalité la loi divine, en l'occurrence celle qui impose le repos dominical, et non la loi positive des

1. R. P. Henri-Dominique Lacordaire, *Conférences de Notre-Dame de Paris*, Paris, Poussielgue frères, 1872 (9 vol.), t. III, 1861, « Cinquante-deuxième conférence : du double travail de l'homme » (16 avril 1848), p. 643.

hommes. Mais c'est bien à l'exercice aveugle de la liberté qu'elle est opposée : cette liberté qui « n'est que le voile de l'oppression » et « couvre d'un manteau d'or les lâches épaules de la plus vile des tyrannies, la tyrannie qui abuse des sueurs de l'homme[1] ».

La finalité du droit du travail est précisément d'imposer des bornes à cette liberté. La relation d'emploi reste l'objet d'une convention privée entre des parties libres, mais le contrat de travail qui les lie reconnaît bientôt une situation d'inégalité et de subordination, et impose des responsabilités particulières à l'employeur désormais considéré comme la « partie forte » au contrat. À partir du début du XXe siècle, des décennies de lutte sociale viendront greffer de nouveaux droits et de nouvelles protections sur cette première reconnaissance : réglementation des temps de travail, assurance maladie obligatoire d'abord pour les plus pauvres, congés payés, salaire minimum…

La relation contractuelle qui glisse peu à peu vers un statut du salarié sera en outre progressivement enchâssée dans des « contrats collectifs » transcendant le jeu des volontés individuelles. Des conventions collectives de branche permettront aux salariés d'échapper au simple face-à-face avec l'employeur et d'être affiliés à des « collectifs protecteurs[2] » beaucoup plus larges que l'entreprise ou l'atelier. Dans le même temps, des assurances sociales toujours plus ambitieuses seront attachées au statut d'emploi et permettront de couvrir non seulement le travailleur lui-même, mais également ses ayants droit (conjoint, enfants…) contre les grands risques de l'existence.

1. *Ibid.*
2. L'expression est de Robert Castel, *Les Métamorphoses...*, *op. cit.*

Du point de vue statistique, l'expansion du salariat est particulièrement spectaculaire dans les décennies d'après-guerre. Il représente un peu plus de la moitié de l'emploi total au moment du Front populaire, plus de 80 % à la fin des Trente Glorieuses, environ 90 % à la toute fin du XXe siècle[1]. Cette montée du salariat a pour contrepartie principale l'effondrement des effectifs d'indépendants et de travailleurs agricoles. Elle va aussi de pair, à partir des années 1950, avec l'accroissement des effectifs des classes moyennes que l'on qualifie parfois alors de « nouvelles classes moyennes salariées ».

Le tableau n'est guère différent dans les autres pays développés, y compris ceux qui attachent moins de droits sociaux et moins de protections au statut d'emploi. À la fin des années 1990, le salariat représente autour de 90 % de l'emploi total aux États-Unis ou en Allemagne, et 86 % au Royaume-Uni. Même des pays européens d'industrialisation plus tardive comme l'Espagne émargent autour de 75 %.

Au terme de cette longue histoire, le salariat s'impose finalement comme le socle de la citoyenneté sociale. Comme l'écrivait Robert Castel en 1995, « Il [aura] fallu des siècles de sacrifices, de souffrances et d'exercice continu de la contrainte pour fixer le travailleur à la tâche, puis pour l'y maintenir en y associant un large éventail de protections qui définissent un statut constitutif de l'identité sociale ». Passé du discrédit et de l'indignité au statut de principale source de revenus et de protections, le salariat est même devenu le nom du travail lui-même dans les sociétés développées : « avoir un travail », c'est au sens le plus commun exercer une activité rémunérée par un salaire, définie dans un

1. Voir Olivier Marchand, art. cité.

contrat de travail et porteuse de droits, de protections et de reconnaissance sociale.

À la fin du XXe siècle, on ne voit plus le salariat comme une lutte quotidienne pour la subsistance, mais comme le principal vecteur d'intégration et d'autonomie individuelles, et même comme la condition *sine qua non* pour y accéder. Le salarié est sorti de la condition quasi servile qui l'avait si longtemps tenu en marge des affaires de la cité, pour être reconnu comme un citoyen à part entière. Ce retournement fut assurément une révolution au sens littéral du terme.

La seconde moitié du XXe siècle est donc bien l'âge d'or du salariat comme forme de relation d'emploi, comme mode d'organisation de l'activité professionnelle et de la production, et comme fondement de l'identité sociale. Il constitue à cet égard non seulement le contexte réglementaire et juridique, mais la condition dans laquelle ont grandi presque toutes les générations qui, nées avant 1990, ont aujourd'hui plus de trente ans. Ce mouvement a naturellement profondément façonné leurs attentes, leurs aspirations, leurs représentations du travail et de la carrière professionnelle, ainsi que leur conception de la sécurité et du progrès.

Le salariat est ainsi devenu le cœur d'un modèle de société qui associe étroitement activité professionnelle et droits sociaux, et qui fait du travail ainsi formalisé le facteur principal de socialisation. C'est cette articulation qui caractérise ce que Robert Castel appelle la *société salariale*[1]. En échange d'un

1. « Une société dans laquelle l'identité sociale se fonde sur le travail salarié plutôt que sur la propriété » (Robert Castel, *Les Métamorphoses...*, *op. cit.*, p. 483). Nous utiliserons parfois cette expression dans un sens plus large encore, pour désigner le contrat social issu des Trente Glorieuses.

lien de subordination à l'employeur, elle donne aux individus des garanties minimales d'indépendance et de stabilité, et leur permet de jouir d'une « propriété sociale » en cas de difficulté. Ce modèle repose ainsi sur une subtile combinaison de soumission hiérarchique, de sécurité économique et d'autonomie individuelle.

Arrivée à quasi-saturation à la fin du XXe siècle, cette formidable dynamique est en train de s'infléchir, voire de s'inverser. On l'observe nettement au Royaume-Uni ou encore aux Pays-Bas depuis la fin des années 1980. En France, le phénomène est plus récent. Le taux de salarisation a ralenti sa course dans les années 1990, puis il a cessé de croître au début des années 2000. Il a même commencé à reculer à partir du milieu des années 2000.

En 2014, en dehors du secteur public, les travailleurs non salariés représentaient 14 % de l'emploi total, soit près d'un actif occupé sur six. Tout au long des années 2000, hors agriculture, le nombre des actifs non salariés a en réalité augmenté plus vite que celui des salariés[1]. Certes, comme aux Pays-Bas et au Royaume-Uni, les sorties du salariat concernent majoritairement des travailleurs qualifiés et des activités à forte valeur ajoutée : l'indépendance n'a plus seulement le visage traditionnel de l'artisan, du petit commerçant ou de l'exploitant agricole. Mais la tendance s'est bien inversée[2].

1. + 0,8 % par an contre + 0,5 % par an pour les salariés entre 2000 et 2008, selon l'Insee.

2. Gilbert Cette et Jacques Barthélémy notent qu'au Royaume-Uni et aux Pays-Bas le recul du salariat est d'abord le fait des secteurs de conseil et d'assistance technique aux entreprises ou aux ménages, dans lesquels les travailleurs sont en moyenne très qualifiés. Voir Jacques

En outre, si le salariat demeure largement dominant, il englobe désormais des situations très éloignées de l'idéal de stabilité et de protection qui avait prévalu jusque dans les années 1970-1980. Le modèle typique du salarié des années 1970 était celui d'une personne qui travaille à temps plein, dans le cadre d'un contrat à durée indéterminée, et qui, tout en vivant presque uniquement de la vente de sa force de travail, peut raisonnablement espérer demeurer de longues années dans le même emploi et en tirer des ressources suffisantes pour participer pleinement à la consommation de masse.

Ce modèle est en perte de vitesse depuis plus de vingt ans, du fait de la multiplication des formes d'emplois précaires (CDD, intérim, stages, etc.) et des parcours professionnels accidentés. Paradoxalement, l'expansion continue du salariat dans les vingt dernières années du XXe siècle est allée de pair avec une détérioration tout aussi continue de ses structures ordinaires : morcellement des formules contractuelles, déformation des cadres conventionnels d'emploi, banalisation de l'atypie salariale, recherche permanente de flexibilité dans la gestion de la ressource travail[1]... Le droit du travail, véritable monument de complexité, s'est sans cesse enrichi de la créativité du législateur qui a multiplié les régimes dérogatoires et empilé une quarantaine de variétés de CDI et de CDD (contrat d'apprentissage, contrat de professionnalisation, CDD d'usage, contrat de mission, contrat d'accompagnement

---

Barthélémy et Gilbert Cette, *Travailler au XXIe siècle*, Paris, Odile Jacob, 2017, Introduction et chapitre 4.

1. Sur ces différents points, voir les pages remarquables de Pierre-Michel Menger, *Portrait de l'artiste en travailleur. Métamorphoses du capitalisme*, Paris, Seuil, « La République des idées », 2003, p. 70 *sq*.

dans l'emploi, intermittents, etc.). Bref, au moment même où le salariat triomphait de façon écrasante dans les statistiques publiques, la société salariale et ses standards statutaires commençaient en réalité à se disloquer.

Résultat : l'idéal de la carrière stable, linéaire et continue est de plus en plus une représentation des générations les plus âgées. En 2006, moins de 20 % des plus de 65 ans avaient connu une expérience de chômage au cours de leur vie, contre près de 50 % pour les 25-45 ans. Pour les plus jeunes, cette expérience fait même partie de l'ordinaire des parcours d'insertion sur le marché du travail. En l'espace de deux ou trois générations, le travail salarié stable a cessé d'être la norme : l'horizon de la sécurité professionnelle comme l'organisation des âges de la vie en ont été transfigurés.

Cette érosion de la société salariale telle qu'on l'avait connue dans les années 1970-1980 est entretenue par le recul de l'entreprise fordiste et intégrée, typique de la société industrielle de l'après-guerre. Elle est également accentuée, singulièrement en France, par le souci des employeurs de minimiser leurs charges de personnel, leurs risques et leurs engagements sociaux sur le moyen et le long terme de manière à pouvoir s'ajuster au mieux à un contexte incertain. Ce recul se traduit par un large mouvement de déliaison caractérisé à la fois par la fragmentation des organisations (développement de la sous-traitance, de l'externalisation, des franchises, de la micro-entreprise, des prestations de services individuelles gérées par les règles du droit commercial...) et par celle du travail lui-même (détachement, portage, free-lances, pluriactivité, etc.). Aux marges du continent salarial classique s'est ainsi développée une vaste zone mixte où s'expérimentent les innombrables combinaisons du droit du travail, du droit de la protection sociale, du droit fiscal et du droit commercial[1].

Au total, sous l'apparente stabilité des grandes nomenclatures, la diversification et l'hétérogénéité des situations n'ont cessé de croître et de brouiller la frontière entre salariat et non-salariat. En lieu et place de cette dichotomie se dessine aujourd'hui un continuum de situations, depuis le salariat traditionnel jusqu'à l'indépendance pure en passant par toutes les hybridations imaginables. Les affiliations collectives s'en trouvent peu à peu affaiblies et perdent une part de leur dimension protectrice.

Nous entrons ainsi dans le monde de la *société postsalariale* : formellement, le salariat y reste largement majoritaire et dominant, mais son modèle historique ne représente plus nécessairement l'horizon directeur des agents économiques ni la condition commune et ordinaire de stabilité sociale des actifs. Et il risque fort de continuer à décliner de façon significative dans les décennies à venir.

Dans ce monde postsalarial, certaines entreprises peuvent s'imaginer comme de simples nœuds de réseaux et de liens plus ou moins circonstanciels. Elles peuvent se rêver comme des portefeuilles de contrats plus ou moins éphémères plutôt que comme des communautés de travail intégrées et inscrites dans la durée. Ce « capitalisme séparateur[2] » pouvait encore s'identifier il y a quelques années aux utopies de « l'entreprise sans usine » ; il se réalise aujourd'hui de manière plus efficace encore dans la capacité des grandes plateformes de l'économie

1. *Ibid.*, p. 78.

2. Voir Thierry Pech, « Le syndicalisme à l'épreuve du capitalisme séparateur », *La Vie des idées*, 11 décembre 2007.

collaborative à dépasser le modèle de l'entreprise comme communauté de travail intégrée en faisant coopérer, sans aucun lien de subordination ni aucun engagement d'avenir entre eux, des milliers de collaborateurs sans contrats mais parfaitement consentants. Pour ceux-là, le travail a perdu sa forme et sa consistance de relation d'emploi pour se réduire à sa nature de simple activité. Les chauffeurs d'Uber, au cœur de la polémique ces derniers mois, en ont fourni l'exemple le plus connu.

Ce qui se détricote évidemment dans le même temps, c'est la confiance dont le statut salarial et son puissant équipement de droits devaient être les gages. La déstabilisation engendrée par l'effritement progressif de la société salariale est d'autant plus profonde qu'elle affecte le mode de production des individus eux-mêmes. Quand l'horizon de la sécurité s'éloigne et que les droits sociaux attachés au travail se retirent, ce n'est pas seulement un pacte économique et social qui se lézarde, mais aussi une infrastructure socioculturelle : celle d'un État-providence qui distribuait de l'indépendance aux individus sous un voile d'ignorance assez épais pour arriver à se faire oublier à leurs propres yeux.

Dans notre pays, on s'est en effet longtemps expliqué la production de l'individualisme par l'État. C'est ce qu'analysait déjà Émile Durkheim en 1916 : « On considère l'État comme l'antagoniste de l'individu et il semble que le premier ne puisse se développer qu'au détriment du second. La vérité, c'est que l'État a été bien plutôt le libérateur de l'individu. C'est l'État qui, à mesure qu'il a pris de la force, a affranchi l'individu des groupes particuliers et locaux qui tendaient à l'absorber : famille, cité, corporation, etc.

L'individualisme a marché dans l'histoire du même pas que l'étatisme[1]. »

De fait, tout au long du XXe siècle, c'est bien par l'intervention de l'État social que les dépendances qui enserraient autrefois les individus ont été progressivement déliées. Ce cadre d'expérience historique a conduit de nombreux intellectuels à décrire l'individualisme comme une construction née des protections de l'État-providence[2], et même à regarder comme une douce illusion de l'esprit le sentiment qu'éprouvent de plus en plus les individus d'être les seuls maîtres à bord de leur existence, alors même que leur autonomie résulte, pour une bonne part, d'un grand compromis collectif.

L'essayiste Jean-Louis Bourlanges a pu résumer cet apparent paradoxe d'une formule saisissante : « Les individus de la société salariale sont des plantes de serre qui se prennent pour des animaux de la jungle. » Dit autrement, des êtres qui ont besoin pour s'épanouir que l'État-providence leur assure des conditions d'ensoleillement et de température extrêmement précises et favorables. Mais ces ressources sont distribuées de telle manière qu'ils peuvent en oublier leurs liens et se croire libérés à la fois de leur arrimage au collectif et de leur dette sociale. Ainsi, les mêmes qui profitent pleinement de ce contexte favorable peuvent se révolter contre la pression fiscale et le niveau des charges sociales d'où ils tirent pourtant l'essentiel de leur confiance et de leur sécurité.

1. Émile Durkheim, *L'État et la société civile*, 1916. Cité par Alain Ehrenberg, *La Société du malaise*, Paris, Odile Jacob, 2010, p. 189.

2. C'est par exemple l'interprétation qu'en fait Marcel Gauchet. Voir Marcel Gauchet, *La Gauche au défi de la société des individus*, Paris, FEPS/Fondation Jean-Jaurès, juin 2016.

Que se passe-t-il quand les ressources viennent à manquer ou quand le consentement aux solidarités faiblit ? Les plantes de serre aperçoivent alors les dures conditions de la vie en plein air. Les parois de la société salariale les protègent de moins en moins des vents et des frimas de l'incertitude. Les individus continuent à nourrir les espérances d'un individualisme naïf et radieux, ils veulent toujours croire que leurs efforts et leurs mérites seront payés de retour, mais ils se trouvent de plus en plus confrontés à la contradiction entre une société qui continue d'aiguiser les promesses d'autonomie par les études, l'effort et le travail, et une expérience vécue qui déçoit régulièrement ces espérances. Dans les plis de cette contradiction naît ce que Robert Castel avait appelé un « individualisme négatif », gros de dépressions et de menaces pour l'ensemble du corps social.

Mais, à la toute fin du XXe siècle, au moment où Castel met le point final à son histoire du salariat, on n'aperçoit pas encore l'étape suivante – et d'une certaine manière le fruit – de cette lente décomposition. Aujourd'hui, ce n'est pas simplement le tapis du statut qui se retire sous les pieds des travailleurs – ce qui a été abondamment commenté. Ce sont aussi les travailleurs eux-mêmes qui, désabusés, las d'attendre ou animés d'autres aspirations, commencent à se retirer du jeu et à inventer d'autres formes d'organisation de leur activité, d'autres horizons de réalisation de soi. La précarité continue d'être déplorée, mais le refus de la subordination progresse simultanément. Aux registres du regret et de l'amertume se mêle une puissante demande d'autonomie qui pourrait conduire à remettre en cause les formes et les disciplines dans lesquelles la société industrielle avait enfermé le travail. Bien sûr, cette demande d'autonomie est d'abord portée par les plus qualifiés et les mieux armés pour la compétition sociale, mais l'idéal du travail qu'elle sous-tend irradie très au-delà de ces catégories.

C'est ainsi que cohabitent une aspiration croissante au gouvernement de soi à l'écart des disciplines traditionnelles de la société salariale, d'une part, et une vive inquiétude devant le recul des garanties et des protections qu'elles organisaient, de l'autre. Ces demandes contradictoires d'autonomie et de sécurité constituent l'un des grands dilemmes du temps présent.

II

Malaise dans la hiérarchie

Le lien de subordination qui est au cœur de la relation salariée se caractérise « par l'exécution d'un travail sous l'autorité de l'employeur qui a le pouvoir de donner des ordres et des directives, d'en contrôler l'exécution et de sanctionner les manquements de son subordonné[1] ». Le salariat repose ainsi fondamentalement sur une relation hiérarchique entre les parties au contrat. Le salarié est un actif qui consent à se soumettre à l'autorité de celui qui l'emploie et à celle de ses représentants dans l'entreprise pour tout ce qui concerne l'organisation de son travail. Cette relation hiérarchique a pu être déclinée de différentes manières selon les types d'organisation – paternaliste, bureaucratique, taylorienne, modulaire, par projet, etc. Elle a pu consacrer différentes figures d'ordre et d'autorité – du patron propriétaire au cadre dirigeant, du « petit chef » à l'agent de maîtrise, du porion au chef d'équipe... Mais elle n'a jamais cessé d'occuper le cœur de la relation salariale.

Cette subordination se déploie dans l'organisation du temps, de l'espace et de l'activité des salariés, et dans toutes les régularités qui leur sont imposées dans l'exécution des

1. Cour de cassation, Chambre sociale, 13 novembre 1996.

tâches. Elle sous-tend ainsi le long effort de rationalisation du travail entrepris par les sociétés occidentales depuis l'aube de la révolution industrielle. L'un des défis du capitalisme des premiers temps de l'ère industrielle était en effet – il faut s'en souvenir – de « fixer l'instabilité ouvrière[1] », d'endiguer le nomadisme géographique et l'absentéisme de la main-d'œuvre. Loin d'être perçue comme une qualité, la mobilité était alors un problème à résoudre.

Le quadrillage de la journée et de la semaine par des horaires fixes et largement standardisés, l'institution du temps comme mesure dominante de l'effort, l'assignation à un lieu de travail, le contrôle de l'activité elle-même et de ces procédés, tout cela fait partie de l'arsenal de contraintes qui fut développé pour fixer le travailleur à la tâche et rationaliser son effort. Il n'était pas question que le travail se développât librement : il fallait l'encadrer, l'ancrer, le rythmer, le surveiller…

Cet exercice pratique de la subordination dans le temps et dans l'espace caractérisait une « discipline », au sens où l'entend Michel Foucault : une « coercition ténue » qui ne consiste ni dans le rapport d'appropriation propre à l'esclavage ni dans la domination constante, totale et capricieuse propre à la domesticité, mais dans des méthodes « qui permettent le contrôle minutieux des opérations du corps, qui assurent l'assujettissement de ses forces et leur imposent un rapport de docilité/utilité[2] ».

Largement hérités de la civilisation de l'usine, les outils et les mesures de cette rationalisation du travail ont été au cœur

1. Voir Robert Castel, *Les Métamorphoses...*, *op. cit.*, p. 412.
2. Michel Foucault, *Surveiller et punir. Naissance de la prison*, Paris, Gallimard, 1975, p. 139.

de nombreuses luttes sociales. La question du temps de travail fut en particulier cruciale dans l'histoire du mouvement ouvrier tout au long du XXe siècle : lutte pour le repos hebdomadaire, pour la journée de huit heures, pour la semaine de quarante heures, etc. Elle fut même parfois première sur la liste des revendications salariales ; l'augmentation des salaires en 1936 lors des accords de Matignon a pu d'ailleurs s'interpréter comme le financement d'un temps libre où l'on vit une « reconnaissance officielle de l'humanité du travailleur et de la dignité humaine du travail [1] ». Tant et si bien que beaucoup, en particulier à gauche, en vinrent à considérer la mesure du temps de travail comme une protection du travailleur, une limite à son exploitation, oubliant qu'elle avait d'abord été un instrument de sa domination.

En pratique, ces disciplines de travail qui ont pu parfois s'abîmer dans une police des conduites paternaliste et moralisatrice n'ont jamais été acceptées de gaieté de cœur par les travailleurs. Elles ont même donné lieu à d'importants affrontements. Mais elles ont été, avec le temps, encadrées et limitées par de multiples dispositions juridiques et accompagnées de contreparties telles que, on l'a vu, le salariat a fini par être regardé comme une condition digne et recherchée.

Comme dans beaucoup d'autres secteurs de la vie sociale, ce rapport d'autorité et les contraintes qui l'accompagnent vont pourtant de moins en moins de soi aujourd'hui. Le rayonnement du statut salarié, si chèrement gagné, pâlit fortement lorsque apparaissent en pratique ses contreparties d'obéissance et de stricte limitation de l'autonomie des travailleurs. Ces

1. Robert Castel, *Les Métamorphoses…*, *op. cit.*, p. 549.

mutations sont liées à une demande croissante de liberté et d'initiative dans le travail, en particulier chez les salariés les plus qualifiés. Mais cette demande butte sur une culture managériale que rien ne disposait à affronter ce phénomène et dont les évolutions récentes sont plutôt de nature à aiguiser les tensions qu'à les apaiser.

Une figure résume souvent l'intolérance croissante aux rapports d'autorité dans le monde du travail : la « génération Y ». C'est le nom que des DRH déroutés ont donné aux jeunes salariés qualifiés qu'ils ont vus arriver sur le marché du travail à partir du début des années 2000, les jugeant volontiers opportunistes, impatients, réfractaires à la hiérarchie, animés d'un esprit trop individualiste pour s'intégrer dans l'entreprise, trop connectés avec l'extérieur pour s'y attacher, trop indisciplinés pour s'y consacrer pleinement[1]. Une abondante littérature en gestion des ressources humaines a fixé ces stéréotypes depuis une dizaine d'années : elle décrit ces nouveaux venus comme méfiants envers toute forme d'autorité et d'institution, incapables de tracer une frontière claire entre travail et loisirs, prêts à sacrifier la loyauté et la fidélité à l'employeur à leur agenda personnel et à la poursuite d'objectifs propres[2]. Les « Y » formeraient en somme une variété tardive des « sublimes », ces ouvriers qualifiés parisiens qui, sous le Second Empire, revendiquaient leur autonomie et s'aménageaient une vie

1. Voir Laurent Jeanneau, « La génération Y : le nouveau gadget pour DRH », *Alternatives économiques*, novembre 2012.

2. François Pichault et Mathieu Pleyers, « Pour en finir avec la génération Y, enquête sur une représentation managériale », 2010, disponible sur www.reimsms.fr/agrh/

délibérément désaffiliée, faite d'alternances de travail et de loisirs[1].

Ces observations ont certainement leur part de vérité. Mais elles imputent trop rapidement à un relâchement des valeurs morales un problème qui est d'abord de nature sociale : la vérité est que, si une part croissante de ces nouveaux entrants sur le marché du travail se montrent aussi indociles, c'est parce que le *deal* salarial ne fonctionne plus.

Contrairement à une idée répandue, la distance que manifestent ces jeunes salariés à l'égard de la subordination et de l'ordre inhérents aux communautés professionnelles n'est pas le fruit d'un désintérêt pour le travail lui-même : en 2008, 70 % des 18-29 ans jugeaient au contraire que c'est un domaine très important de leur vie, une proportion croissante depuis 1990 et même supérieure à celle de leurs aînés[2]. En moyenne plus diplômées que leurs devancières, les jeunes générations ont même – et c'est sans doute une partie du problème – des attentes plus élevées que leurs aînés en termes de développement personnel et de réalisation de soi par le travail.

Leur distance aux exigences les plus classiques du salariat résulte aussi d'une intégration problématique, voire douloureuse dans l'emploi. Contrairement aux « X » qui les avaient précédés, ces fameux « Y » ont perdu leurs illusions : la succession des stages, des emplois précaires et des périodes de chômage a eu raison des espoirs que leurs

1. Bernard Gazier, *Tous « Sublimes ». Vers un nouveau plein emploi*, Paris, Flammarion, 2003, p. 11 *sq.* L'histoire et les mœurs de ce groupe d'ouvriers nous sont connues grâce à l'ouvrage classique de Denis Poulot, *Question sociale. Le Sublime* (1870).

2. Source : *European Value Survey*. Voir Laurent Jeanneau, art. cité.

familles avaient nourris pour eux et qu'eux-mêmes avaient caressés sur les bancs de l'école ou de l'université. Les « Y » jugent désormais trop asymétrique un *deal* salarial qui consiste, à leurs yeux, à leur demander beaucoup (obéissance, loyauté, implication personnelle...) en échange de peu (des salaires jugés modestes et des statuts précaires). Un contrat que de nombreux témoignages décrivent désormais comme un marché de dupes : « Éduqués et diplômés, tout nous orientait vers une carrière stable. Mais nous, les représentants de la génération Y, avons été déçus. Sur le marché du travail, nous ne souhaitions plus participer à un projet de société où nous ne nous reconnaissions plus[1]. » La génération suivante serait même au-delà de la déception : « Quant à la génération Z, celle des *digital natives*, elle a une conscience aiguë de construire sa vie de façon proactive[2]. »

Ce mouvement de désamour est encore pour partie masqué par le culte du CDI. Beaucoup attendent comme un sésame leur premier contrat de travail à durée indéterminée et ils ne l'obtiennent que tardivement : en moyenne, on trouvait un premier emploi stable à 20 ans au début des années 1970 ; il faudrait aujourd'hui attendre l'âge de 27 ans[3]. Les jeunes accèdent à la majorité civile à 18 ans, mais à l'autonomie économique et à un minimum de stabilité professionnelle à partir de 27 ans... La jeunesse dure décidément longtemps.

1. Ce sont les mots de Diana Filippova, la cofondatrice de Ouishare. Propos recueillis dans *Alternatives économiques*, novembre 2015.
2. *Ibid.*
3. Antoine Dulin, *Droits formels/droits réels : améliorer le recours aux droits sociaux des jeunes*, Avis du Conseil économique, social et environnemental, juin 2012.

Pourtant la quête de ce Graal qu'est devenu le CDI est pour l'essentiel instrumentale. Ce qui est poursuivi à travers lui, ce n'est plus tant l'idée d'une carrière stable et continue au service d'une même entreprise, que l'assurance d'un minimum de crédibilité sociale pour entrer dans la vie adulte et ses interactions les plus élémentaires : crédibilité face au banquier, crédibilité face au bailleur, crédibilité face à la famille... Le CDI n'est pas tant une condition sociale recherchée pour elle-même qu'un passeport pour entrer dans la vie.

Ce désamour avec la relation salariale et sa dimension hiérarchique n'est pas le monopole des jeunes générations qualifiées. Il se manifeste également chez nombre de leurs aînés sous les formes les plus ordinaires de la démotivation, du manque d'implication dans le travail ou du désengagement.

Comme les « Y », une grande majorité de Français aiment le travail et s'y projettent même plus que leurs voisins, comme le montrent régulièrement les grandes enquêtes internationales[1]. Environ deux sur trois déclarent que le travail occupe une place « très importante » dans leur vie, loin devant la plupart des autres Européens. Les Français seraient même ceux qui sont le plus hostiles à l'idée de donner plus d'importance aux loisirs au détriment du travail (61 %) après les Allemands (62 %) et les Néerlandais (68 %)[2].

1. *World Value Survey, European Value Survey*... Pour une vision d'ensemble des leçons de ces enquêtes pour la France, voir Dominique Méda et Lucie Davoine, « Place et sens du travail en Europe : une singularité française ? » CEE, *Document de travail* n° 96-1, février 2008.

2. Rapport de la Commission européenne, direction générale communication, 2012, « Les valeurs des Européens », réalisé par TNS Opinion & Social à la demande de la Commission.

Nos concitoyens font cependant partie des Européens les moins satisfaits de leur travail. Alors qu'ils sont parmi ceux qui valorisent le plus l'autonomie dans le travail, ils se heurtent souvent à des organisations peu ouvertes à la discussion, qu'il s'agisse de dialogue social ou de dialogue professionnel. Cette déception résulte en partie d'un accroissement de leurs attentes et de l'augmentation de la valeur intrinsèque du travail à leurs yeux. Mais elle est également alimentée par une culture managériale et des élites patronales qui conservent une vision très hiérarchique des relations de travail, comme le soulignent de nombreuses études récentes[1]. La déclinaison dominante de la subordination salariale dans notre pays est sans doute l'une des plus rigides et des plus autoritaires d'Europe occidentale.

D'après le psychologue et sociologue néerlandais Geert Hofstede, la France serait en effet l'un des pays où les distances hiérarchiques dans les entreprises sont les plus marquées : plus qu'en Allemagne, au Royaume-Uni, en Italie, aux États-Unis, au Canada[2]... L'Hexagone apparaît également comme l'un

1. La plupart des études que nous utilisons dans la suite de ce chapitre sont présentées de façon détaillée dans le rapport publié conjointement par La Fabrique de l'industrie, Terra Nova et l'Aract Île-de-France : Émilie Bourdu, Marie-Madeleine Pérétié et Martin Richer, *Qualité de vie au travail : levier de la compétitivité*, octobre 2016 (en particulier le chapitre 2).

2. Voir Geert H. Hofstede, *Culture's Consequences. Comparing Values, Behaviors, Institutions and Organizations Across Nations*, Londres, Sage, 2001. Sur la base de questionnaires adressés à 90 000 salariés d'IBM à travers le monde, Geert Hofstede attribue à chaque pays un indice de distance hiérarchique (IDH) qui va de 0 (faible) à 100 (fort). L'IDH de la France est de 68, largement au-dessus de la moyenne mondiale (57) et de la plupart des pays comparables. Voir la remarquable synthèse de Martin Richer, « Ce n'est pas l'entreprise qu'il faut libérer, c'est le travail », *Metis*, janvier 2016.

des pays les plus réfractaires aux « organisations de travail participatives » : l'idée d'ouvrir aux salariés des espaces d'implication, de participation directe, d'influence sur leur travail et son organisation n'y fait manifestement pas recette [1]. C'est même en France, après la Slovaquie, que l'on rencontre la plus faible proportion de salariés déclarant pouvoir influencer les décisions qui sont importantes pour leur travail [2]. De même, les formes de communication ascendantes y sont peu pratiquées : on préfère multiplier les réunions ou renvoyer le personnel aux informations contenues sur l'intranet que d'écouter ses suggestions ou recenser ses idées.

Loin de se résorber, ces difficultés se seraient même plutôt accrues ces vingt dernières années, prenant à revers la demande sociale. L'autonomie au travail tendrait en effet à régresser dans notre pays depuis 1998 au profit du travail prescrit : la part des salariés déclarant que leurs supérieurs leur disent encore « comment faire leur travail » est passée de 14 % à 19 % entre 1998 et 2013 [3]. Si elle est particulièrement prononcée chez les ouvriers et les employés, cette augmentation du travail prescrit touche également les professions intermédiaires et les cadres. Et, pour ne rien arranger, plus de la moitié des salariés estiment que certaines de leurs compétences sont sous-utilisées, voire inutilisées ; une proportion qui culmine chez les plus jeunes

1. Eurofound, « Work Organization and Employee Involvement in Europe », 2013.

2. D'après la cinquième édition du *Working Conditions Survey* d'Eurofound, 2012.

3. Élisabeth Alvaga et Lydie Vinck, « Autonomie dans le travail – Enquêtes conditions de travail », *Synthèse Stat'* de la DARES, n° 16, octobre 2015.

qui sont aussi souvent les plus diplômés et les plus exposés au sentiment de déqualification[1].

Ces difficultés plongent leurs racines dans une histoire marquée par les héritages successifs du paternalisme, de la bureaucratie et du capitalisme familial, et par une vénération du pouvoir central qui génère sa propre contestation, donnant périodiquement à nos relations sociales ce caractère de guérilla larvée qui étonne toujours les observateurs étrangers[2]. Mais elles se nourrissent aussi, depuis deux décennies, d'une forme de néotaylorisme étendu au monde des services[3].

On croyait pourtant en avoir fini avec ce type d'organisation du travail. Au seuil des années 1990, le temps des contremaîtres et des « bureaux des méthodes » plénipotentiaires semblait dépassé : l'« enrichissement des tâches », le « management participatif » et l'« organisation qualifiante », conjugués au recul supposé de la production en série au profit de produits plus personnalisés, du fordisme au profit du « toyotisme » et

1. Sur ces sujets, voir Émilie Bourdu, Marie-Madeleine Pérétié et Martin Richer, *Qualité de vie au travail..., op. cit.*, chapitre II.

2. Voir Thomas Philippon, *Le Capitalisme d'héritiers*, Paris, Seuil, « La République des idées », 2007, et Colin Crouch, *Industrial Relations and European State Traditions*, Oxford, Clarendon Press, 1993. Des analyses qui rejoignent les conclusions des travaux d'inspiration plus culturaliste de Philippe d'Iribarne (voir en particulier *La Logique de l'honneur*, Paris, Seuil, 1993).

3. Voir les livres de François Dupuy qui présentent une critique minutieuse des héritages et des perversions du système bureaucratique (brillamment étudié par son maître Michel Crozier dans son classique : *Le Phénomène bureaucratique*, Paris, Seuil, 1963), des formes de néotaylorisme qui se développent dans certaines grandes entreprises et de la dépression qui menace aujourd'hui les relations de travail : *Le Client et le bureaucrate* (Paris, Dunod, 1998), *La Fatigue des élites* (Paris, Seuil, « La République des idées », 2005), *Lost in Management* (Paris, Seuil, 2011).

de l'industrie au profit des services, étaient censés avoir tordu le cou aux vieilles méthodes de l'organisation scientifique du travail qui avaient caractérisé le monde industriel et ses chaînes de montage. Pour couronner le tout, la montée en gamme de notre économie devait accoucher d'une « économie de la connaissance » qui prendrait place dans le haut de la division internationale du travail, laissant à d'autres la réalisation des tâches les plus routinières et les moins qualifiées. Au mieux, le taylorisme était mort ; au pire, il migrerait bientôt sous d'autres climats ! Et la conséquence pour le salariat n'allait pas se faire attendre : un relâchement des vieilles disciplines de production au profit d'une plus grande autonomie et du développement des organisations par projet. Tel était encore le credo dominant à la fin des années 1990.

Pour ce qui est de l'autonomie, du management participatif et de l'implication des salariés dans l'organisation de leur travail, on a vu que le tableau était beaucoup moins rose qu'on le prétend souvent dans les livres de management. Mais la question est plus large. Si l'on définit le travail taylorisé comme un travail posté, répétitif et parcellaire inscrit dans un processus productif cloisonné et finement segmenté, alors plusieurs indices confirment ce diagnostic.

Tout d'abord, à en croire les salariés eux-mêmes, le travail répétitif est loin d'avoir disparu : selon la DARES[1], il s'est au contraire développé dans les années 1980 et 1990. Et même dans la définition étroite retenue aujourd'hui pour mesurer la pénibilité du travail (répétition d'un même geste ou d'une série de gestes à une cadence élevée, dix heures par semaine et plus),

1. Direction de l'animation de la recherche, des études et des statistiques.

il concerne encore 12,4 % des salariés au début des années 2010 – et surtout près de 30 % des ouvriers non qualifiés.

Bien sûr, les chaînes de montage sont moins nombreuses et beaucoup plus automatisées qu'autrefois, mais d'autres machines ont pu prendre le relais de la contrainte, comme les appareils de cuisson dans la restauration rapide et plus largement les ordinateurs et les progiciels de gestion intégrée (ERP), qui planifient rigoureusement le travail et assurent une dépendance amont/aval vis-à-vis des collègues qui n'a pas grand-chose à envier aux étroites interdépendances créées entre les différents postes par l'ancienne organisation scientifique du travail[1]. Comme le fait souvent remarquer le sociologue François Dupuy, *Les Temps modernes* de Chaplin ont imprimé dans notre imaginaire des représentations qui associent le taylorisme aux chaînes de montage des grands ateliers industriels. Mais le taylorisme peut survivre et même se réinventer dans l'univers climatisé des services, l'*open space* remplaçant l'atelier, et le tableur Excel l'établi[2].

Dans ce contexte, le travail posté est, lui aussi, loin d'avoir disparu. De même, les démarches de « qualité totale » qui visent à assurer la parfaite constance d'un produit ou d'un service, loin de desserrer l'étau des anciennes disciplines de production, leur ouvrent de nouveaux horizons de rationalisation à travers la

1. Sur ce sujet et ceux qui suivront, voir le livre désormais un peu ancien mais toujours très suggestif de Guillaume Duval, *L'Entreprise efficace à l'heure de Swatch et McDonald's. La seconde vie du taylorisme*, Paris, Syros, 1998.

2. Robert Castel considère même que les méthodes tayloriennes – où il ne voit qu'une variante maximaliste de la rationalisation des procès de travail – ont très tôt débordé les sites industriels « pour s'imposer dans les bureaux, les grands magasins, le secteur tertiaire » (*Les Métamorphoses...*, *op. cit.*, p. 536).

rédaction de procédures très précises, l'identification de tous les travailleurs impliqués et un effort minutieux de normalisation dont les standards peuvent s'exporter ensuite chez les sous-traitants et les prestataires[1]. Les outils numériques, ailleurs leviers d'émancipation, sont ici de puissants auxiliaires de rationalisation et de contrôle : « Les informaticiens jouent au fond le même rôle pour le travail de bureau que les ingénieurs des services "méthodes" pour les ateliers[2]. » Ils participent de la programmation et de la diffusion des indicateurs de performance qui ont envahi le monde du management ces dernières années, y compris dans certains secteurs de la fonction publique, avec des effets que, par euphémisme, on peut qualifier d'indésirables[3].

Ce néotaylorisme est d'autant plus mal vécu qu'il se développe dans une société où les niveaux moyens de qualification ont fortement augmenté, singulièrement celui des nouveaux entrants sur le marché du travail. En l'espace d'une génération, la part des diplômés du supérieur a doublé, une progression unique en Europe : en 2008, ils représentaient 20 % des 45-54 ans contre 40 % des 25-34 ans. On ne prend pas

1. Voir Guillaume Duval, *L'Entreprise efficace à l'heure de Swatch et McDonald's...*, *op. cit.*, p. 59. Sur cette question dans le domaine des industries agro-alimentaires, voir Sami Dassa et Dominique Maillard, « Exigences de qualité et nouvelles formes d'aliénation », *Actes de la recherche en sciences sociales*, n° 115, décembre 1996.

2. Guillaume Duval, *L'Entreprise efficace à l'heure de Swatch et McDonald's...*, *op. cit.*, p. 31.

3. Pour un tableau à la fois informé et plaisant des faits et méfaits des indicateurs de performance, voir Maya Beauvallet, *Les Stratégies absurdes*, Paris, Seuil, 2009. Sur leurs conséquences dans le monde de la fonction publique, voir Maya Beauvallet, *Où va le management public ?* Paris, Terra Nova, « Positions », janvier 2016.

suffisamment la mesure des conséquences de cette élévation brutale du niveau de formation générale sur les attentes liées à l'activité professionnelle et sur la perception des conditions de travail. Les termes de la relation salariale avaient été posés dans une société de type industriel pour une main-d'œuvre dont le niveau moyen de qualification était relativement bas et les espérances de mobilité professionnelle et d'accomplissement personnel dans le travail plus modestes qu'aujourd'hui. La hausse des qualifications et des promesses nouées lors de la formation initiale, conjuguée à la menace du chômage qui dissuade de nombreux salariés de « bouger », a nourri un puissant sentiment de déclassement, de déqualification ou d'ennui au contact d'un monde du travail où l'on s'insère plus difficilement, et d'un management qui est resté pour une large part peu disposé à donner de l'autonomie réelle aux salariés.

En bas de la pyramide sociale, alors même que l'âge médian de sortie des études a augmenté et que les catégories populaires ont vu leurs enfants étudier davantage que leurs parents, beaucoup ont le sentiment que le rendement des études s'est effondré. En réalité, quand on compare le destin social des moyennement qualifiés avec celui des non-qualifiés, ce sentiment paraît peu fondé : les études continuent de protéger du chômage, comme le montrent les enquêtes du Centre d'études et de recherches sur les qualifications (Céreq). Mais il se comprend mieux quand on compare le destin social d'un bachelier des années 1970 avec celui d'un bachelier d'aujourd'hui. En 1976, le titulaire d'un bac général pouvait espérer s'intégrer correctement sur le marché du travail ; c'est beaucoup moins vrai aujourd'hui. Or, quelles que soient leurs limites, ce sont bien des comparaisons de ce type qui dominent dans les familles où, en l'espace d'une ou deux générations, le barème du mérite semble s'être dramatiquement dégradé.

La moitié haute de la pyramide n'est pas non plus à l'abri des déceptions. Des salariés qui avaient nourri d'importantes espérances de réalisation de soi par le travail et les études redécouvrent, déçus et amers, la segmentation des tâches, l'émiettement des missions et la monotonie qui les transforment parfois en simples rouages d'une machinerie dont ils ne distinguent plus très bien ni le sens ni l'utilité. Noyés dans une novlangue commercialo-managériale saturée d'anglicismes et de sigles incompréhensibles, certains ne savent même plus parfois raconter ce qu'ils font : leur métier est devenu indéfinissable à leurs propres yeux et quasi impossible à décrire à leur entourage[1].

Ces situations sont proches de ce que l'anthropologue britannique David Graeber qualifiait de *bullshit jobs* : des emplois à l'utilité incertaine et où les travailleurs ne comprennent plus vraiment le sens de ce qu'ils font[2]. Comme de modernes Sisyphe, ils se sentent condamnés à exécuter chaque jour « un travail inutile et sans espoir », pour reprendre les mots d'Albert Camus[3].

Ce qui s'éloigne en effet avec le néotaylorisme, ce n'est pas seulement l'horizon d'une plus grande autonomie dans

1. Lorraine de Foucher, « Dans l'enfer des jobs "à la con" », *Le Monde*, 22 avril 2016.

2. David Graeber, « On the Phenomenon of Bullshit Jobs », *Strike !*, 17 août 2013.

3. Albert Camus, *Le Mythe de Sisyphe* (1942) : « Les dieux avaient condamné Sisyphe à rouler sans cesse un rocher jusqu'au sommet d'une montagne d'où la pierre retombait par son propre poids. Ils avaient pensé avec quelque raison qu'il n'est pas de punition plus terrible que le travail inutile et sans espoir. »

le travail, mais le sens du travail lui-même. On se sera finalement beaucoup illusionné sur les douceurs supposées d'une économie tertiarisée et post-taylorienne[1]. Et, de fait, les tentations de sortie du salariat éprouvées par un nombre croissant de travailleurs s'expliquent aussi de cette façon. Elles ne sont pas seulement guidées par le désir ou le besoin de se soustraire à la hiérarchie et à la subordination en général, c'est-à-dire par un besoin d'indépendance. Elles cherchent aussi bien souvent le moyen de restaurer un lien entre le travail et le produit du travail, entre la peine et l'œuvre, ou entre l'effort et le service. Ceux qui franchissent le pas et rompent avec la relation salariée le font souvent avec le désir d'« exister dans son œuvre », pour reprendre la belle formule du sociologue François Vatin, une expression que n'eussent pas reniée les critiques marxistes du travail taylorisé[2]. Un peu comme l'artisan d'autrefois sous l'œil du prolétaire des grands ateliers déshumanisés de la société industrielle, l'indépendant connaît un nouveau prestige aux yeux de nombreux salariés qualifiés, fût-il exposé à un fort coefficient d'insécurité. La différence sans doute la plus notable est que l'indépendant d'aujourd'hui se consacre beaucoup moins à des activités de transformation de la matière et de plus en plus au service de ses contemporains.

Le directeur des ressources humaines d'une grande banque confiait récemment son étonnement de voir un nombre croissant d'employés quitter son entreprise pour poursuivre des projets parfois sans rapport avec ce que le groupe leur

1. Voir Philippe Askenazy, *Les Désordres du travail*, Paris, Seuil, « République des Idées », 2004.

2. Voir François Vatin, « Défense du travail », *Revue du MAUSS*, 2001/2, n° 18.

avait proposé et avec ce qu'ils y avaient appris, mais dessinant un horizon plus satisfaisant et plus épanouissant pour eux. Certains se lancent ainsi dans le coaching sportif à leur compte ou dans l'hébergement touristique, en quête d'un travail moins segmenté, qu'ils pourraient à nouveau dominer et qui leur apporterait une expérience sociale plus enrichissante. Le DRH concluait en concédant que la banque offrait au contraire des expériences de travail frustrantes à beaucoup d'égards. Sa compréhension du phénomène rejoignait ainsi le témoignage d'un salarié qui expliquait : « À la fin de la journée, ce n'est pas comme un boulanger ou un charpentier, je n'ai rien fabriqué. »

Ce qui transparaît à travers ces témoignages, ce n'est pas l'effacement du travail comme peine mais comme production. De nombreux salariés peuvent avoir aujourd'hui le sentiment de se fatiguer à « ne rien faire ». De consacrer leur temps à la poursuite d'une finalité trouble ou lointaine et, pour cette raison, d'échouer à se réaliser eux-mêmes. N'était la nécessité, pour gagner sa vie, de se plier aux exigences instrumentales du travail, certaines de ces situations confineraient à l'absurde. Alors même que les capacités de production n'ont jamais été aussi élevées, que les hommes n'ont jamais eu autant de pouvoir de transformation de leur environnement, le lien que les actifs ont avec le résultat de leur activité semble s'être distendu et finalement perdu, pour un grand nombre d'entre eux, dans les méandres de la division du travail et de sa rationalisation[1]. Cette nostalgie du travail comme œuvre est le sanglot contemporain d'*Homo faber*. Et il y a fort à

1. Voir François Vatin, *Le Travail et ses valeurs*, Paris, Albin Michel, 2008, p. 12.

parier qu'elle ne s'apaisera pas avec les développements de la transition numérique et de l'intelligence artificielle.

Il est en tout cas singulier de voir revenir ici, quasi méconnaissables mais finalement tenaces, certaines grandes figures de l'analyse marxiste du travail. Celle d'organisations qui s'efforcent d'abstraire le travail de la personne vivante du travailleur, de ses motivations et de ses besoins, pour le réduire à une catégorie économique quantifiable et échangeable. Celle de structures déshumanisantes qui transforment le salarié en simple « accessoire de la machine[1] ». Mais aussi, par contraste, celle de l'artisan qui « œuvre » plus qu'il ne « travaille ». Ou encore celle de l'artiste dont l'activité approche ce « déploiement d'énergie humaine qui est à lui-même sa propre fin », où Marx voyait « le vrai règne de la liberté[2] ».

Pour de nombreux sociologues et économistes, l'insatisfaction actuelle des salariés s'explique par la dégradation des conditions de travail et son intensification. C'est ce que suggèrent notamment de nombreuses enquêtes consacrées à la pénibilité du travail. Souvent justes, leurs observations gagneraient cependant à s'inscrire dans un contexte problématique beaucoup plus large : celui de la détérioration des termes de la relation d'emploi elle-même. L'insatisfaction

1. Marx et Engels écrivent dans le *Manifeste communiste* : « Le travailleur devient un simple accessoire de la machine ; on n'exige de lui que l'opération la plus simple, la plus vite apprise, la plus monotone. »

2. Karl Marx, *Œuvres économiques*, t. II, Paris, Gallimard, « Bibliothèque de la Pléiade », p. 1486-1488. Cité par André Gorz, *Métamorphoses du travail, Critique de la raison économique, Quête du sens*, Paris, Gallimard, « Folio-Essais », 2004, p. 40.

au travail et le malaise éprouvé dans le lien de subordination salariale et les hiérarchies qu'il sous-tendait s'alimentent à plusieurs mutations simultanées dont la combinaison marque une idiosyncrasie hexagonale.

Une mutation de l'offre tout d'abord. Dans un contexte plus incertain, caractérisé par une plus forte exposition à la concurrence internationale et par la financiarisation croissante de l'économie, les employeurs ont recherché une main-d'œuvre plus flexible et plus mobile. Les contreparties classiques de la relation salariale – à commencer par la stabilité professionnelle – se sont affaiblies du même coup sans que de nouvelles contreparties soient élaborées : en paroles, les entreprises ont développé une rhétorique de l'autonomie et de la responsabilité, mais ces discours ne se sont traduits par aucune transformation sensible dans leur organisation de nature à donner plus d'autonomie pratique aux travailleurs. Ces derniers ont ainsi le sentiment légitime d'une double peine : ils ne bénéficient plus des contreparties en termes de sécurité et de pouvoir d'achat croissant qu'ont connues leurs aînés, mais ils ne jouissent pas non plus des avantages liés à une plus grande liberté dans le travail.

Une mutation de la demande ensuite. Les aspirations à l'autonomie et à la réalisation de soi par le travail ont été puissamment nourries par l'élévation du niveau général de formation qui a été, il faut y insister, particulièrement rapide et intense dans notre pays ces dernières décennies : nulle part en Europe on n'a observé une dynamique aussi soutenue d'accroissement de la population diplômée du supérieur. L'effort de démocratisation scolaire, fourni en particulier dans les années 1980 et 1990, a produit ses fruits, au moins quantitativement.

Mais la source principale de cette mutation de la demande réside dans une transformation plus générale de la structure psychique de l'individu. Comme l'a montré le sociologue Alain Ehrenberg, la « personnalité » contemporaine se construit de moins en moins dans le conflit freudien entre éros et civilisation, entre des pulsions anarchiques et des interdits sociaux[1]. Le relâchement des disciplines (familiales, morales, scolaires...) et le développement de liens plus contractuels et plus négociés ont confronté l'individu à des épreuves d'un nouveau type : se construire soi-même, être à la hauteur d'un impératif d'accomplissement personnel et affronter la solitude de ses propres ambitions et projets. Le temps n'est plus à l'intériorisation des normes par le refoulement des désirs et l'angoisse de la transgression : les pathologies de l'individu contemporain procèdent davantage de la panne, de la hantise de l'impuissance et de la dépression. Il ne s'agit plus tant de *se maîtriser* que de *se réaliser*. Cette mutation a placé au cœur de l'individualisme une norme d'autonomie qui enjoint aux individus d'être des entrepreneurs d'eux-mêmes, de se définir par leurs projets et de s'affirmer par leur capacité à les conduire.

Ces transformations ont projeté sur le travail des attentes d'accomplissement personnel que les organisations privées et publiques n'étaient ni désireuses de satisfaire ni prêtes à affronter. La société du travail a continué à s'adresser à des générations de plus en plus éduquées et habitées par une forte attente de réalisation de soi comme à celles qui les avaient précédées, aiguisant une contradiction de plus en plus

1. Voir en particulier Alain Ehrenberg, *La Fatigue d'être soi*, Paris, Odile Jacob, 1998, et *La Société du malaise*, Paris, Odile Jacob, 2010.

douloureuse entre les progrès de l'éducation et de l'aspiration au gouvernement de soi, d'un côté, et des rapports sociaux fondés sur une culture de l'obéissance, de l'autorité et de la discipline, de l'autre. Cette contradiction n'affecte d'ailleurs pas seulement les plus diplômés : les travailleurs les moins qualifiés ont eux aussi été socialisés sous le régime de ce nouvel individualisme ; ils ont vu, eux aussi, s'accroître leurs compétences cognitives et la complexité des services qui leur étaient demandés ; mais ils n'ont vu progresser dans les mêmes proportions ni leur autonomie au travail ni leur rémunération réelle[1]. C'est d'ailleurs sans doute au sein de ces catégories que les sentiments d'injustice et d'impuissance sont aujourd'hui les plus développés, car c'est là que les efforts relatifs de formation et d'adaptation ont été les plus coûteux.

Le malaise avec la subordination et les hiérarchies a enfin été nourri par une mutation technologique. La digitalisation a pu être l'un des accessoires du néotaylorisme, mais ses effets sont à la fois multiples et ambigus. En réalité, la révolution numérique est entrée dans la vie des salariés plus vite encore que dans celle de leurs entreprises[2], leur offrant des libertés nouvelles, démultipliant leurs capacités d'échanges horizontaux et d'auto-organisation, et leur proposant, par le truchement de l'économie collaborative en particulier, des instruments de déformalisation des relations de coopération.

1. Voir les développements sur ce sujet de Philippe Askenazy, *Tous rentiers ! Pour une autre répartition des richesses*, Paris, Odile Jacob, 2016.

2. Voir l'étude réalisée par le cabinet Roland Berger en collaboration avec Cap Digital et avec le soutien de Google, « Du rattrapage à la transformation : l'aventure numérique, une chance pour la France », septembre 2014.

Le phénomène d'ubérisation, si abondamment commenté, est sans doute très surestimé dans sa capacité à remplacer les relations d'emploi actuelles par des relations non salariées, mais il est aussi certainement sous-estimé dans sa capacité à délégitimer l'entreprise car il a fourni un puissant et cruel produit de contraste aux organisations du travail traditionnelles. Souvent considéré comme l'expression des prémices de la fin du salariat, il pourrait bien annoncer surtout celle de l'entreprise sous la forme hiérarchique et intégrée que nous lui avons connue jusqu'ici.

Au total, le malaise français au travail ne peut être rabattu simplement ni sur les mutations générales du capitalisme ni sur une dégradation des conditions de travail. Chacun de ces facteurs n'éclaire qu'une partie du problème et laisse son cœur dans l'obscurité. Il est bien davantage lié à une détérioration des termes de la relation d'emploi, elle-même alimentée par la combinaison d'un effondrement des contreparties traditionnelles à la subordination, d'une montée des qualifications et des aspirations au gouvernement de soi, et d'une mutation technologique qui donne de nouveaux outils d'émancipation aux individus et met en exergue la complète obsolescence des rapports sociaux d'échange et de production qui prévalent encore dans notre pays.

Ce cocktail produit un écheveau de contradictions où se nouent les différents fils du mal hexagonal. Si la situation n'évolue guère, si les patrons en particulier tentent de faire survivre un modèle hiérarchique inadapté aux actifs d'aujourd'hui, c'est surtout parce que le chômage de masse leur assure encore un rapport de forces favorable sur le marché du travail : le sous-emploi endémique qui caractérise l'économie française depuis quarante ans explique en grande partie la paresse du management dans notre pays. Mais il suffirait que le chômage recule de quelques points, et avec lui la peur panique de se trouver sans emploi, pour que les salariés se révèlent brusquement beaucoup plus volages qu'aujourd'hui, et pour que les directions des ressources humaines prennent soudain conscience du dramatique déficit d'attractivité de leurs organisations.

En attendant, les blocages persistent. Ils nourrissent la défiance bien sûr. Mais, là encore, nous n'en sommes déjà plus aux constats et à la déploration passive d'un état de fait. Ces blocages conduisent désormais à de nouveaux comportements sociaux qui vont de simples stratégies de retrait à des formes actives d'insubordination qui culminent paradoxalement dans le succès contemporain de l'entrepreneuriat.

III

La tentation du retrait

Les différentes manifestations du désamour contemporain avec le salariat classique contribuent à faire perdre sa centralité au travail sous la forme dominante que nous lui avions connue depuis la Libération. Le recul de la sécurité attachée à cette forme d'emploi, la déclinaison très hiérarchique du lien de subordination, le néotaylorisme de certaines organisations, la déception des fortes attentes portées sur le travail comme vecteur d'épanouissement ont fini par armer des désirs de retrait qui prennent des formes de plus en plus variées.

Les salariés français se distinguent certes de leurs homologues européens par l'importance qu'ils accordent au travail et par la haute idée qu'ils s'en font, mais aussi désormais par leur faible engagement dans le travail. Selon l'institut Gallup, seuls 9 % des salariés français seraient en effet « engagés » dans leur travail en 2013, le score le plus faible d'Europe aux côtés des Pays-Bas et loin derrière le Danemark qui arrive en tête du classement (21 %). En outre, plus d'un quart des salariés français seraient « activement désengagés », contre 13 % en moyenne au niveau mondial[1].

1. Cité par Émilie Bourdu, Marie-Madeleine Pérétié et Martin Richer, *Qualité de vie au travail...*, *op. cit.* ; source : Institut Gallup, « State

Mais les réactions des actifs vont parfois désormais au-delà de la simple démotivation ou du désengagement. Pour échapper à ce « régime hiérarchique », un nombre croissant de salariés mettent en place des stratégies de protection, voire d'insubordination. Pour cela, certains choisissent d'emprunter des chemins de contrebande. Parvenant à tromper la vigilance de leurs supérieurs ou à déjouer les instruments destinés à contrôler leur activité, ils consacrent une partie significative de leur temps de travail à d'autres activités : courriels, échanges sur les réseaux sociaux, achats en ligne…

Les outils numériques sont les complices actifs de cette vie professionnelle « buissonnière », dont le sociologue suédois Roland Paulsen a dressé récemment le portrait[1]. Ce « travail inoccupé » (*empty labor*) qui est au cœur de ses attentions est moins rare qu'on le croit : selon les statistiques internationales mobilisées par le sociologue, les salariés consacreraient entre une heure et demie et trois heures de leur temps de travail quotidien à s'occuper de leurs affaires personnelles ou à tromper l'ennui. Des attitudes qui peuvent aller du simple *cyberloafing*[2] au sabotage… Des sites destinés à « se divertir au boulot » ont même fleuri sur la Toile, proposant toutes sortes de techniques pour se soustraire au regard de son supérieur et des idées pour « tuer le temps[3] ». Selon les nombreux entretiens que le sociologue a réalisés avec des

of the Global Workplace : employee engagement insights for business leaders worldwide », 2013 ; étude réalisée en 2011-2012.

1. Roland Paulsen, *Empty Labor. Idleness and Workplace Resistance*, Cambridge University Press, 2014.

2. Ce mot n'a pas de traduction en français : il désigne littéralement le fait de paresser sur Internet, une sorte de « cyberparesse ».

3. Voir par exemple le site www.jemefaischierautaf.com.

salariés de différents niveaux de qualification et issus de divers secteurs d'activité (marketing, informatique, finance, industrie, commerce...), les motivations des intéressés varient notamment en fonction du type de contraintes auxquelles ils sont soumis : ceux qui sont exposés à un stress élevé le font pour « décompresser » ou simplement « faire face » ; ceux qui sont exposés à des conditions de travail moins contraignantes le font pour se « détendre » ou par esprit de résistance plus affirmé.

Des succès de librairie avaient déjà ouvert une fenêtre sur ces stratégies de retrait clandestin. C'était notamment le cas du best-seller de Corinne Maier, *Bonjour paresse* (2004), dont la philosophie se résume en quelques lignes : « Si vous n'avez rien à gagner en travaillant, vous n'avez pas grand-chose à perdre en ne fichant rien. Choisissez les postes les plus inutiles : conseil, expertise, recherche, étude. Et ne sortez jamais dans le couloir sans un dossier sous le bras[1]. » Cet éloge cynique et désinvolte du tire-au-flanc, à mi-chemin entre la résistance passive du *Bartleby* de Melville et la critique sociale du *Droit à la paresse* (1880) de Paul Lafargue, s'adressait toutefois davantage aux cadres et aux salariés très qualifiés des grandes entreprises bureaucratiques qu'à ceux, hélas plus nombreux, qui sont soumis à l'intensification du travail ou à des contrôles réguliers et tatillons.

Ces attitudes attirent cependant l'attention sur la construction progressive d'une quatrième alternative à la typologie des réactions individuelles au mécontentement proposée en 1970

1. Corinne Maier, *Bonjour paresse. De l'art et de la nécessité d'en faire le moins possible en entreprise*, Paris, Michalon, 2004. Avec 250 000 exemplaires vendus, l'ouvrage fut un best-seller et donna lieu à plus de vingt traductions à travers le monde.

par l'économiste Albert Hirschmann[1]. À son triptyque *exit/voice/loyalty* (défection, protestation, fidélité), on pourrait en effet ajouter une attitude de semi-retrait, de « présence absente », une sorte de version très dégradée de la fidélité, dont les comportements types oscilleraient entre l'apathie complaisante et la subversion déterminée[2].

Autre manifestation de cette tentation du retrait : l'impatience de… la retraite ! Si elle est fréquente chez les quadragénaires de très nombreux pays, elle est particulièrement forte en France. Selon une vaste enquête internationale, 77 % des actifs français de plus de 45 ans souhaiteraient partir à la retraite dans les cinq ans à venir s'ils le pouvaient, contre 65 % en moyenne au niveau mondial[3]. La France arrive ainsi en deuxième position du classement derrière l'Argentine.

Si les Français idéalisent la retraite, ce n'est pas seulement parce qu'ils se projettent dans un temps d'inactivité bien mérité, mais parce qu'ils l'imaginent comme un temps dédié à une vie plus saine et, à certains égards, peut-être même plus active que la vie professionnelle. La proportion de retraités s'estimant en bonne santé pour leur âge (45 %) est d'ailleurs supérieure à celle de leurs homologues actifs (42 %). Pour beaucoup, la retraite, c'est d'abord la libération des servitudes, des routines et des inquiétudes de la vie au travail. Moins la dernière partie de la vie que le début de la « vraie vie ».

1. Voir Albert Hirschmann, *Exit, voice, loyalty. Défection et prise de parole* (1970), Bruxelles, Université de Bruxelles, 2011.

2. Voir à ce sujet Guy Bajoit, « Exit, voice, loyalty and… apathy. Les réactions individuelles au mécontentement », *Revue française de sociologie*, 1988, vol. 29, n° 2.

3. HSBC, « The Future of Retirement. Healthy New Beginnings », Rapport mondial (9e éd.), 2016. Enquête réalisée dans 17 pays auprès de 18 000 personnes.

D'autres salariés – et particulièrement les moins de 40 ans – ne souhaitent pas attendre le moment de liquider leurs droits à pension pour retrouver des marges de liberté. Pour desserrer les liens de subordination de la vie salariale, ils tournent désormais leur regard vers le travail non salarié ou s'efforcent de diversifier tout à la fois leurs allégeances et leurs activités. Ces multi-actifs que l'on nomme aussi aujourd'hui les « slashers [1] » exercent ainsi plusieurs emplois simultanément et complètent parfois leurs revenus en exploitant les opportunités de l'économie collaborative, renouant sans le savoir avec l'une des caractéristiques des sociétés préindustrielles où la multi-activité était monnaie courante. Ils seraient plusieurs millions aujourd'hui en France [2]. Particulièrement développé chez les plus jeunes (22 % des actifs de moins de 30 ans sont dans ce cas), ce phénomène ne se cantonne plus au monde des exploitations agricoles où il s'est pourtant également beaucoup développé : il touche peu à peu de très nombreux secteurs et de nombreuses catégories d'âge. Beaucoup d'entre eux combinent salariat et auto-entreprise : selon une étude récente, 31 % des slashers exercent au moins une activité secondaire de type entrepreneurial [3]. Leurs motivations sont variables, mais relèvent, dans la très grande majorité des cas (64 %), d'un choix délibéré. Leur souci est de trouver un nouvel équilibre personnel, de combiner une vocation avec une activité plus

1. En référence au signe typographique « / » (slash).

2. Au Salon des micro-entreprises, on parle de 4,5 millions de pluri-actifs, soit 16 % des actifs. Mais le décompte des pluri-actifs est complexe et il varie sensiblement selon que l'on compte les pluri-actifs permanents ou non. Sur ce point, voir Franck Evain, « Pluri-actif : un concept à géométrie variable », Insee, http://www.insee.fr/fr/ffc/docs_ffc/ref/revaind09d.PDF.

3. Étude menée par le Salon des micro-entreprises, août 2015.

stable et rémunératrice, de préparer une reconversion ou plus généralement de rompre la monotonie… Plus nomades que leurs devanciers, voire carrément « zappeurs », les slashers sont l'un des visages les plus visibles de la société postsalariale en gestation.

Le rejet de la verticalité et des distances hiérarchiques qui prévalent en France explique aussi le succès auprès d'un large public des entreprises présentées comme « alternatives » par le biais desquelles on entrevoit une autre sortie possible du salariat classique. Ainsi, la mode de l'« entreprise libérée », popularisée en 2009 par Isaac Getz, professeur à l'ESCP Europe[1], et surtout par la diffusion du film *Le Bonheur au travail*, met en avant des entreprises censées avoir été rendues plus performantes par des employés libérés de la hiérarchie, de la bureaucratie et du contrôle, et placés en situation de quasi-auto-organisation[2].

Parmi les ingrédients de cette « libération », qui emprunte une partie de son vocabulaire à l'imaginaire autogestionnaire des années 1970, Isaac Getz et son coauteur Brian M. Carney comptent notamment des managers à l'écoute et ayant renoncé aux distinctions, privilèges et symboles du pouvoir, un effort de réflexion collective sur le projet de l'entreprise, un relâchement du contrôle et des prescriptions, une responsabilisation des collaborateurs, la suppression des stratégies de motivation

1. Voir Isaac Getz et Brian M. Carney, *Liberté et Cie : quand la liberté des salariés fait le succès des entreprises*, Paris, Flammarion, 2013. Pour une lecture critique de ce modèle, voir l'analyse de Martin Richer, « Ce n'est pas l'entreprise qu'il faut libérer... », art. cité.

2. Des entreprises de ce type existent de longue date, le plus souvent hors de France. C'est le cas de Happy Computer en Angleterre dans les années 1990, de Nordstrom ou de Zappos aux États-Unis.

fondées sur les primes à la performance... La relation salariale de subordination se maintient formellement, mais vidée de la plus grande partie de son contenu pratique. Le maître mot de ces organisations est « auto » : autodirection, automotivation, autonomie...

Bien sûr, le concept reste assez flou et la pratique encore confidentielle. Le modèle de l'entreprise libérée présente en outre de grandes faiblesses[1]. Mais le succès médiatique de cette proposition et l'enthousiasme qu'elle suscite auprès d'un nombre croissant de salariés traduisent la forte insatisfaction qui empoisonne les relations de travail dans les organisations classiques.

De la même façon, le retour en grâce des coopératives traduit, comme au XIXe siècle, l'espoir d'un salariat qui s'émanciperait des relations de subordination classique en plaçant chacun dans la situation de détenteur de parts sociales de l'entreprise et en faisant miroiter une gouvernance démocratique[2]. Le modèle coopératif peine certes à s'installer dans des secteurs d'activité intensifs en capital – on compte très peu de coopératives dans le domaine manufacturier par exemple – et il place parfois les travailleurs dans une douloureuse ambiguïté – salariés d'un côté et actionnaires de l'autre[3]. Mais il connaît des succès

1. Pour un tableau critique détaillé de ces faiblesses et limites, on se reportera à Émilie Bourdu, Marie-Madeleine Pérétié et Martin Richer, *Qualité de vie au travail...*, *op. cit.*

2. Les sociétés coopératives (SCOP) ont connu une nouvelle jeunesse depuis le milieu des années 2000, en particulier comme solution de reprise de TPE et de PME par leurs propres salariés, solution encouragée et facilitée par la loi Hamon de juillet 2014.

3. Pour une lecture à la fois positive et lucide sur le sujet, voir Philippe Frémeaux, *La Nouvelle Alternative. Enquête sur l'économie sociale et solidaire*, Paris, Les Petits Matins, 2012.

d'estime proportionnels aux désillusions liées à l'entreprise classique.

Si la société salariale s'érode peu à peu, ce n'est pas seulement parce que les relations hiérarchiques y sont subverties, esquivées ou carrément contournées par celles et ceux qui en ont les moyens. C'est aussi parce que l'espace-temps des anciennes disciplines de travail est à la fois débordé par les mutations du capitalisme et repoussé par un nombre croissant de salariés.

Les horaires fixes et standardisés qui avaient si longtemps caractérisé la relation d'emploi salariée ont d'abord reculé sous la pression des employeurs : ils ont recherché plus de souplesse et de flexibilité dans l'organisation du temps et de l'activité, notamment pour satisfaire la demande de leurs clients dans des secteurs comme le commerce. La multiplication des horaires atypiques et variables dans la grande distribution en a été l'un des exemples les plus visibles et les plus commentés. Mais le phénomène est loin d'être cantonné à quelques secteurs. En 1999 déjà, la journée de travail classique (9 heures-18 heures) ne représentait qu'une petite majorité des journées travaillées[1]. En 2014, un salarié sur quatre déclarait travailler le soir, un sur cinq le dimanche, deux sur cinq le samedi[2]. Par ailleurs, 21 % déclaraient avoir des horaires variables d'une semaine à l'autre, et un sur six travailler régulièrement à son domicile.

Dans beaucoup d'autres secteurs, les outils numériques (ordinateurs portables, smartphones...) ont permis aux salariés

1. Laurent Lesnard, « Flexibilité des horaires de travail et inégalités sociales », *Données sociales – La société française*, Paris, Insee, 2006.
2. Insee.

de rester connectés à leur travail en dehors des horaires de travail, brouillant les frontières entre vie professionnelle et vie domestique[1]. Aujourd'hui, l'activité continue des réseaux et d'Internet ne connaît ni début, ni fin de journée, ni week-end, ni congés.

Pour un nombre croissant d'activités professionnelles, les horaires journaliers ou hebdomadaires ne sont d'ailleurs plus la mesure la plus pertinente du travail effectivement accompli. Certains employeurs renoncent progressivement à compter précisément les heures de travail pour se conformer au régime des 35 heures, préférant adopter les formules de « forfait jours » mises en place dans le cadre des lois Aubry[2]. Selon la DARES, en 2014, le forfait annuel en jours concernait plus de 13 % des actifs des entreprises de plus de 10 salariés ; une proportion qui atteignait 47 % chez les cadres[3]...

Le comput rigoureux des heures travaillées correspondait à un régime industriel où les travailleurs vendaient une force de travail assez largement substituable : le travail était alors clairement une quantité décomposable en unités chronométriques qui permettaient simultanément d'étalonner sa productivité. Le temps était une mesure approximative de

1. Voir Jacques Barthélémy et Gilbert Cette, « TIC, durée et rythmes de travail », *Tempos*, n° 3, janvier 2005, et « L'impact des TIC sur la durée et les rythmes de travail », *La Semaine juridique*, n° 11, mars 2007.

2. Le « forfait jours » désigne habituellement un forfait annuel en jours de travail. Il est réservé aux cadres autonomes dans leur emploi du temps ainsi qu'aux salariés autonomes dont la durée de travail ne peut être prédéterminée. Les salariés concernés (pour autant qu'un accord collectif ait été signé) échappent ainsi à la règle des 35 heures hebdomadaires ou à la durée maximale de 10 heures par jour.

3. Voir Claire Letroublon, « Les salariés au forfait annuel en jours », *DARES Analyses*, n° 48, juillet 2015.

l'effort dans une conception du travail réduit à une dépense d'énergie. L'économie d'aujourd'hui nécessite souvent d'autres cotations, car le travail humain y vaut aussi par les qualités de contact, la singularité des biens produits, l'investissement personnel ou la disponibilité des travailleurs, leur aptitude à contrôler le bon fonctionnement des machines et leur capacité à porter le souci des choses plus qu'à les exécuter eux-mêmes.

Dans ce cadre, la métrique traditionnelle du travail est de plus en plus prise en défaut. Et avec elle, les politiques du travail qui misent sur les anciennes « comptabilités de la fatigue humaine », comme disait Marc Bloch, qu'il s'agisse du « travailler plus pour gagner plus » à droite ou des « 35 heures » à gauche. Pour elles, le travail reste une grandeur plastique que l'on peut accroître ou réduire, répartir, segmenter ou diviser… Ces mensurations peuvent encore rendre compte de situations de travail classiques (les préparateurs de commandes dans les entrepôts de la logistique commerciale, par exemple), mais elles oublient des continents entiers de l'activité des hommes contemporains.

Pour des raisons voisines, la géographie du travail a, elle aussi, changé. Ses lieux se sont démultipliés. Il paraît de plus en plus loin le temps des grandes concentrations ouvrières où des centaines, voire des milliers de travailleurs étaient assignés à résidence huit heures par jour dans les murs de l'usine et contraints d'habiter dans ses parages immédiats, la plus grande et la plus belle partie de leur existence étant tenue dans un étroit périmètre et rythmée par les exigences du travail et la sociabilité des pairs. On travaille toujours et encore très majoritairement sur le site de l'entreprise bien sûr, mais aussi chez soi, dans des bureaux éphémères et partagés, en mobilité… Et l'on habite de plus en plus loin de son employeur. Cette redistribution des lieux va de pair avec une redéfinition des liens.

Comme le notait un récent rapport, l'hétérogénéité des organisations spatiales du travail va croissant, notamment sous la pression de la révolution numérique[1]. Le nomadisme se répand, en particulier chez les cadres. Les espaces de *coworking* accueillaient déjà, fin 2013, quelque 100 000 *coworkers* à travers le pays. Les situations de télétravail se multiplient (télétravail à domicile, en « télé-local » dans un centre proche de son domicile, travail mobile, etc.), même si ces formules se développent moins vite en France que dans d'autres pays européens. La proportion de salariés concernés par le télétravail aurait doublé entre 2006 et 2012, passant de 8 % à près de 17 %[2]. Et ce, bien que l'environnement légal et réglementaire soit encore peu propice à ce type de mutations dans notre pays[3].

Cette reconfiguration de l'organisation spatiale du travail présente des bénéfices pour l'employeur (réduction des coûts immobiliers/loyers, effets positifs sur la productivité des travailleurs, moins perturbés dans l'exécution de leurs tâches[4]), mais aussi pour l'employé (moins de déplacements, moins

1. « Transformation numérique et vie au travail », rapport établi par Bruno Mettling pour le ministre de l'Économie, septembre 2015.

2. LBMG Worklabs, *Le Télétravail en France*, 2012.

3. ParisTech Review, *Pourquoi la « révolution douce » du télétravail ne prend pas*, 2011.

4. Caisses des dépôts et consignations, « Externalité des télécentres », 2014. Selon cette étude, le télétravail permet un gain de 13 % de productivité en moyenne en raison de la baisse de l'absentéisme, d'une hausse des heures de production de l'ordre de 35 minutes par jour (gain de temps de transport), de meilleures conditions de travail et d'un moindre stress. Voir aussi Caisse des dépôts et consignations, « Étude sur les opportunités des territoires à développer le télétravail, modéliser des gains pour les individus, les entreprises et les territoires », 2016.

de coûts de transport, plus de souplesse dans la conciliation vie privée/vie professionnelle) et pour la collectivité (moins de congestion urbaine et de pollutions liées aux transports). Mais elle entraîne de nombreuses interrogations non seulement juridiques, mais aussi sociales et culturelles.

Selon une récente enquête, si 95 % des télétravailleurs estiment que leur qualité de vie s'est améliorée, 61 % d'entre eux témoignent d'une augmentation de leur temps de travail[1]. Les actifs concernés courent parfois un risque d'isolement et craignent d'être « oubliés » de leur management. Les managers, de leur côté, redoutent de perdre le contrôle sur leurs équipes et peuvent être tentés de compenser par des technologies de surveillance à distance la maîtrise qu'ils ont perdue *de visu*. Tout se passe comme si, de part et d'autre, chacun craignait de changer les règles et les repères de l'autorité et du contrôle. Car, chacun le sent bien, les relations hiérarchiques vont être contraintes de se réinventer dans ce nouveau cadre. Ces situations impliquent en effet une réorganisation en profondeur des formes et des moyens de la collaboration au travail et devraient ouvrir sur un management plus collaboratif et plus participatif. Elles éloignent en tout cas assez radicalement des formes traditionnelles de la discipline au travail qui avaient caractérisé le salariat rassemblé et concentré dans les décennies d'après-guerre.

La redistribution spatiale du travail permet également à un nombre croissant d'actifs d'échapper au moins partiellement au monde urbain. L'histoire du salariat, on le sait, a été intimement liée à l'exode rural et à la concentration de la main-d'œuvre

1. Observatoire du télétravail et de l'ergostressie (Obergo), 4e enquête sur les impacts du télétravail, juin 2015.

dans les villes et leurs proches faubourgs. Le travail à domicile et les activités d'autoproduction, très répandues dans l'ère préindustrielle, avaient du même coup progressivement disparu avec l'urbanisation de la population tout au long du XXe siècle.

Le développement du travail indépendant à distance comme du télétravail salarié permet aujourd'hui à une partie de la population de quitter les aires urbaines tout en y conservant la source de son activité professionnelle : les emplois se concentrent plus que jamais dans le cœur des métropoles, mais les employés, eux, par contrainte ou par choix, s'en sont éloignés[1]. Les « navetteurs » dévoilent un visage particulier de ce mouvement : ce sont des actifs qui vivent dans une commune rurale et travaillent dans une aire urbaine plus ou moins proche de leur domicile. Contrairement à ce que l'on pourrait penser, ces nouveaux « travailleurs » sont loin d'être des exceptions : en 2012, ils représentaient 47 % des actifs occupés des zones rurales, soit près d'un sur deux[2]. Le monde rural compte ainsi aujourd'hui près de 2 millions de navetteurs. Travaillant comme des urbains, ils vivent selon les mêmes rythmes et les mêmes contraintes, mais ont totalement dissocié lieu de vie et lieu de travail. On peut les considérer comme des urbains vivant à la campagne.

1. Voir Thomas Allaire, Jérémie Bureau, Anne-Julie Le Serviget et Thierry Pech, « Le marché du travail dans les grandes aires urbaines en 2015 », Jobijoba et Terra Nova, février 2016. Selon cette étude, les villes-centres des grandes aires urbaines, qui abritent environ un quart de la population de ces ensembles, drainent à elles seules entre 50 % et 60 % des six millions d'offres d'emploi en ligne observées dans ce travail en 2015.

2. Voir le rapport « Que peut le numérique pour les territoires isolés ? », Terra Nova, à paraître.

Au total, il ne fait plus guère de doute que les régularités, les contraintes et la discipline propres au travail tel qu'il avait été organisé dans la société industrielle du premier XXe siècle puis dans la société salariale après-guerre sont de plus en plus orthogonales aux aspirations des actifs d'aujourd'hui. Faute d'en tenir compte, les chefs d'entreprise et les élites patronales risquent de voir se multiplier, dans les années qui viennent, les comportements de désengagement, de fronde, de subversion, de diversification, d'éloignement, voire de sortie pure et simple du salariat. Il se pourrait même qu'une partie de cette lente métamorphose prenne le visage de l'entrepreneur lui-même.

IV

L'entrepreneur contre l'entreprise

Ils sont start-upers, autoentrepreneurs, indépendants, créateurs d'associations, « hackers » ou simplement « bricoleurs ». Les multiples figures de l'entrepreneur contemporain dévoilent un autre visage du rejet des liens de subordination propres au salariat. Ce sont elles qui font rêver le monde social aujourd'hui. Leur vocabulaire, leurs modèles de réussite, leur goût de l'indépendance sont dans toutes les têtes. Ils passent pour accomplir l'idéal d'émancipation individuelle le plus avancé : celui de personnes qui n'appartiennent qu'à elles-mêmes et qui réalisent le programme d'un travail supposé désaliéné. Ils incarnent l'insubordination dans la créativité. Ils ont échappé à l'insécurité de l'emploi en prenant le risque de sortir de la relation salariale. Puisque la sécurité professionnelle ne récompense plus la soumission à la hiérarchie dans la relation d'emploi, puisque les portes du marché du travail sont si difficiles à franchir pour certains d'entre eux, puisque le monde de l'entreprise classique ne satisfait pas la demande montante d'autonomie, ils ont opté pour les promesses de la liberté et de l'initiative : la vie à son compte.

Ces entrepreneurs ne forment bien sûr pas une nouvelle classe sociale. Ils sont naturellement beaucoup moins nombreux que les classes moyennes salariées des années 1970 auxquelles ils semblent avoir pourtant dérobé une partie du leadership culturel[1]. Et ils se recrutent d'abord dans les catégories les plus qualifiées. Mais ils irradient le reste de la société et font l'admiration de nombre de leurs contemporains. Ils sont couverts de mérite par le discours dominant qui les élève volontiers au rang de modèles. Des ministres leur déclarent leur flamme. Des chômeurs sont prêts à engloutir leurs indemnités de licenciement dans l'aventure. Certains jeunes actifs issus des zones urbaines sensibles y voient la meilleure – et parfois la seule – façon d'échapper au plafond de verre et aux discriminations dont ils font l'objet sur le marché du travail salarié.

Pourtant, les mots sont piégés : ces entrepreneurs ne sont pas les champions de l'entreprise conçue comme une organisation collective et hiérarchisée. À certains égards, ils pourraient même en incarner la contestation la plus radicale. Car la figure contemporaine de l'entrepreneur procède beaucoup plus aujourd'hui du rapport à soi-même et du travail sur soi que d'une figure d'engagement collectif.

L'aura actuelle de l'entrepreneur tient au fait qu'il réalise pleinement la norme d'autonomie qui a été placée au cœur de l'individualisme contemporain et qui enjoint aux individus non plus d'épouser ou de contester des disciplines, mais de se produire eux-mêmes, de trouver en eux-mêmes les ressources pour construire leur vie. Un déplacement psychologique et culturel analysé par le sociologue Alain Ehrenberg, et auquel l'entreprise et le management n'ont jamais réussi à s'ajuster autrement

1. Sur ce sujet, voir *infra*, chapitre IX.

qu'en paroles[1]. C'est pourquoi, avant d'être un récit de conquête, d'enrichissement ou de pouvoir, l'aventure entrepreneuriale est aujourd'hui d'abord un *récit de soi*, une sorte d'acmée du développement personnel. Les enquêtes et sondages consacrés aux nouveaux entrepreneurs le confirment d'ailleurs régulièrement : leurs motivations relèvent beaucoup plus de la quête d'indépendance, du challenge ou de l'accomplissement créatif que du désir de s'enrichir ou de diriger les autres[2].

Qu'il soit choisi positivement ou par défaut, le succès du régime de l'autoentrepreneur est l'un des indicateurs de cette préférence croissante pour l'indépendance et le gouvernement de soi dans notre pays. Lancé en 2009, il a vu le nombre de ses adhérents actifs plus que tripler en six ans : fin 2009, on comptait 310 000 autoentrepreneurs ; fin mai 2014, ils étaient 984 000. Et ils ont très certainement dépassé le million aujourd'hui.

Dans le même temps, les travailleurs indépendants qui n'émargent pas au régime de l'autoentrepreneur ont vu leur nombre bondir de 400 %, passant de quelque 218 000 membres à près de 900 000 fin 2013[3]. Au total, si l'on additionne les deux

1. Voir le triptyque d'Alain Ehrenberg : *Le Culte de la performance* (Paris, Calmann-Lévy, 1991), *L'Individu incertain* (Paris, Calmann-Lévy, 1995) et *La Fatigue d'être soi* (Paris, Odile Jacob, 1998).

2. Voir, par exemple, Ernst & Young, « Vingt ans de succès entrepreneurial en France », novembre 2012.

3. Voir Acoss, « Les autoentrepreneurs en 2013... », n° 202, décembre 2014. Et aussi Acoss, « Bilan du dispositif autoentrepreneur à fin mai 2014 », 1er août 2014. Les chiffres présentés ici ne concernent que les comptes « administrativement actifs » et excluent le régime agricole. Ils excluent également la plus grande part des autoentrepreneurs

catégories, près de 2 millions de personnes seraient aujourd'hui concernées. Ces travailleurs n'ont pas nécessairement quitté le monde du salariat puisque le régime de l'autoentrepreneur peut se cumuler avec une activité salariée, mais ils ont choisi de mettre au moins un pied à l'extérieur.

Les statistiques de créations d'entreprises ne démentent pas ces premiers constats. Longtemps réputé peu fertile en la matière, notre pays se caractérise en réalité par un dynamisme des créations d'entreprises assez saisissant. Si l'on exclut des comptes les autoentrepreneurs dont il vient d'être question, l'Hexagone a connu une progression de 8,6 % des créations d'entreprises en 2013 par rapport à 2012, avec plus de 260 000 créations. Cette progression avait été également très marquée dans les années 2000 : + 54 % entre 2002 et 2008, et + 87 % entre 2008 et 2010. Mais ce qui saute aux yeux quand on examine ces données, c'est qu'il s'agit aujourd'hui, dans l'écrasante majorité des cas, d'entreprises… sans salariés ! En 2013, 95 % des entreprises nouvellement créées ne comptent aucun salarié. Et 99 % n'en ont pas plus de deux[1]. Pour l'essentiel, ces créations d'entreprises sont en pratique autant de sorties du salariat et des organisations traditionnelles : la multiplication de ces nouveaux entrepreneurs ne vaut pas revalorisation de l'entreprise au sens classique du terme ; sinon en droit, du moins en fait, ils forment plutôt une variété supplémentaire d'indépendants.

---

n'ayant généré aucun chiffre d'affaires durant 8 trimestres consécutifs, du fait de la radiation automatique de ces cas.

1. Ces chiffres proviennent de l'observatoire de l'Agence pour la création d'entreprises (APCE). Voir ici : https ://media.apce.com/file/59/9/france-entiere_fs_2013.70599.pdf

Sous quelque forme qu'il se présente, le renouveau des indépendants appelle une attention particulière. Longtemps cantonnés au monde du petit commerce, des artisans et des professions libérales, ils constituaient au début du XXe siècle le plus gros des effectifs des catégories intermédiaires. Le large mouvement de salarisation des Trente Glorieuses et des décennies qui ont suivi a changé le visage des classes moyennes : les « nouvelles classes moyennes salariées » ont progressivement supplanté les anciennes classes moyennes d'indépendants. Mais le mouvement pourrait à présent s'inverser. De nombreux travailleurs qualifiés sont aujourd'hui tentés par (ou poussés à) la valorisation de leurs compétences en dehors du salariat ou à côté d'une activité salariée. Les classes moyennes de demain pourraient bien redevenir ainsi peu à peu des catégories d'indépendants.

On peut certes tempérer l'importance de ces phénomènes en soulignant qu'ils concernent principalement des actifs qualifiés. De fait, le profil socioprofessionnel des indépendants s'est sensiblement modifié de ce point de vue ces vingt dernières années[1]. Parmi les non-salariés, la part des moins diplômés (niveau inférieur ou égal au CEP) était de 37 % au début des années 1990 (contre 31 % chez les salariés) ; elle tombe à 12 % au début des années 2010 (contre 14 % chez les salariés). Quant à la part des diplômés du supérieur, elle passe de 17 % à 38 % sur la même période ! Mais, d'une part, il y a encore une vingtaine d'années, les mêmes profils de qualifications choisissaient souvent la voie du salariat : ce changement

1. Gilbert Cette et Jacques Barthélémy, *Travailler au XXIe siècle...*, *op. cit.*, chapitre II. Voir aussi Pierre-Michel Menger, *Portrait de l'artiste en travailleur*, *op. cit.*, p. 75 *sq.*

d'orientation est en soi significatif d'une transformation des aspirations et des conditions d'emploi dans cette partie de la population. D'autre part, les profils qualifiés servent souvent de modèle aux autres trajectoires sociales. On ne peut donc pas exclure de voir ces nouveaux indépendants jouer demain un rôle d'attracteurs pour de nombreux nouveaux venus sur le marché du travail. Si ce n'est déjà le cas.

Les technologies numériques leur facilitent par ailleurs grandement la tâche. Dans le monde d'hier, l'indépendant courait le risque de la solitude et de l'isolement, et la création d'une clientèle pouvait être un processus long et laborieux. Désormais, des plateformes numériques de mise en relation, de vente ou de recommandation peuvent assurer l'interface très rapidement entre des professionnels isolés et des clients potentiels à la recherche de solutions simples et quasi immédiates à leurs besoins. C'est le cas avec les plateformes consacrées aux produits de l'artisanat (« Handmade », « Etsy »...) qui permettent au « fait main » des indépendants de trouver plus rapidement son public. C'est également le cas de la plateforme Hopwork qui, depuis 2013, « propose un accès gratuit aux meilleurs free-lances de France en présentant des profils de professionnels qualifiés ». Ces plateformes jouent le rôle de tiers de confiance sur un marché où l'offre et la demande sont très dispersées et les critères de qualité quasi inexistants : elles proposent un environnement administratif et juridique sécurisé, vérifient les statuts des actifs, la viabilité des contrats...

Ce business d'intermédiation sur un marché du travail peu dynamique est d'autant plus florissant que les clients sont convaincus, à tort ou à raison, qu'il est dangereux d'embaucher, et que la demande de liberté professionnelle croît chez beaucoup d'indépendants. Ainsi Hopwork a connu une augmentation de 300 % de son offre en 2015 et enregistré une plus grande diversité de profils et de compétences. Aux métiers de l'informatique dont les communautés d'indépendants se sont structurées avant les autres, autour d'outils particuliers (Développeurs java, Développeurs back end, etc.), sont venus s'ajouter des graphistes, motion designers, professionnels du marketing, rédacteurs, community managers, ainsi que de nombreuses professions administratives.

Ce mouvement concerne bien évidemment en particulier la « classe créative » des grandes métropoles, celle dont parlait le géographe américain Richard Florida[1]. Mais il peut trouver son équivalent encore plus informel du côté de catégories beaucoup moins qualifiées, avec le développement de l'économie collaborative autour des grandes plateformes numériques de service. La plus connue d'entre elles est bien sûr Uber. Mais il en existe d'autres, beaucoup moins controversées, qui permettent à des actifs de générer un peu de revenu en rendant un service sans avoir besoin de basculer dans le formalisme d'une activité professionnelle. C'est le cas notamment des plateformes de covoiturage ou, demain, de plateformes dédiées au transport de marchandises en milieu urbain. C'est également le cas d'applications comme TaskRabbit qui permettent aux membres de la communauté d'échanger des services quotidiens sous forme de microtâches rémunérées.

1. Richard Florida, *The Rise of the Creative Class. And How It's Transforming Work, Leisure and Everyday Life*, New York, Basic Books, 2002. Dans ce best-seller, l'auteur décrit la classe créative comme un ensemble d'actifs urbains, connectés, qualifiés, tolérants et mobiles. Selon lui, c'est la plus ou moins grande concentration de ces actifs qui fait l'attractivité des villes dans la mondialisation.

On peut naturellement soupçonner ces tendances de masquer des réalités infiniment variées et parfois peu glorieuses. Certains ont, en effet, fini par créer une entreprise monopersonnelle sous la pression d'un ancien employeur désireux d'alléger ses charges de personnel et de substituer des relations de type commercial à une relation d'emploi classique. D'autres ont très probablement opté pour l'autoentreprise faute de trouver un emploi traditionnel ou au terme d'une longue période de chômage. Souvent les autoentrepreneurs peinent à générer des revenus nets suffisants pour vivre correctement. Et parmi les clients des nouvelles plateformes d'intermédiation sur le marché du travail, beaucoup d'employeurs potentiels cherchent certainement à contourner les complexités de la relation d'emploi de type salarial et les charges de personnel afférentes.

Ces situations existent assurément et sont aiguisées par la crise. Mais la dynamique est également portée par un croissant désir d'autonomie et d'indépendance auquel les organisations classiques ne savent, ne peuvent ou ne veulent pas répondre. Cette apothéose des figures de l'entrepreneur va même de pair avec un rejet croissant de l'entreprise comme communauté hiérarchisée et ordonnée de production.

Sous-tendue, dans certains cas, par une volonté de casser les codes et le statu quo ou de rechercher des innovations de rupture qui bouleversent le monde ancien, cette dynamique se réalise pleinement dans le chaudron de la révolution numérique. Dans l'étude qu'il a consacrée aux conditions de réalisation d'un écosystème créatif dans ce domaine, en épluchant la littérature disponible sur l'histoire de la Silicon Valley, Nicolas Colin met en exergue trois facteurs nécessaires : le savoir-faire, le capital et… la rébellion ! Les jeunes start-upers de l'économie numérique sont imprégnés de cet esprit dont ils trouvent les exemples paradigmatiques dans la Californie de leurs aînés américains. Un État qui, rappelle Nicolas Colin, est depuis longtemps la terre d'accueil de nombreuses rébellions : « La rébellion [...] est un état d'esprit typique de la Californie où se sont concentrés les artistes, les hippies, les clubs de motards, l'agitation sur les campus, les premiers militants homosexuels (Harvey Milk) et des dirigeants politiques radicaux comme Ronald Reagan (ancien président républicain des États-Unis) ou Jerry Brown (actuel gouverneur démocrate de l'État). »

C'est dans cet imaginaire libertaire que grandissent les nouvelles générations d'entrepreneurs. Elles s'identifient davantage aux hackers qu'aux patrons de l'ancien monde. Les affects qui structurent leurs représentations sont pilotés par une soif d'affranchissement. Le darwinisme impitoyable du succès dans une économie à rendements croissants et de type rapidement oligopolistique laissera l'écrasante majorité d'entre eux sur le bas-côté. Mais ceux qui auront réussi continueront à faire rêver longtemps les candidats à l'aventure.

Le portrait de l'entrepreneur numérique ne passe plus tant par les grandes écoles et les canaux de la reproduction sociale par le diplôme que par le savoir-faire pratique des hackers, littéralement des « bidouilleurs » épris de créativité et soucieux de changer radicalement l'expérience des usagers finaux. Nicolas Colin le note de façon peu amène pour l'Éducation nationale et le *cursus honorum* de la méritocratie républicaine : « Un *hacker*, dont les principales qualités sont la rébellion et la créativité, ne peut pas être formé par une institution comme l'Éducation nationale, qui prétend certes former des citoyens à l'esprit critique, mais dont l'organisation et le fonctionnement tendent en même temps à façonner les travailleurs dociles et stéréotypés que réclamait l'économie de masse[1]. »

Ce nouveau monde de l'entrepreneuriat numérique pousse à l'écart des chemins balisés qui conduisaient aux positions les plus éminentes de la société salariale. L'entrepreneur idéal du monde des start-up n'est pas « un ingénieur passionné par la technologie, mais un *hacker* passionné par un problème à résoudre – raison pour laquelle il travaille sans relâche pour y trouver une solution, en mobilisant des ressources, technologiques ou non, intégrées dans une *expérience*[2] ». Marquée par les humanités et la quête de reconnaissance institutionnelle, la culture dominante dans notre pays peine à accorder de la considération à ce genre de personnages dont l'activité est rapidement assimilée à un vulgaire « bricolage ». Elle peine encore plus à comprendre l'étrange idéalisme, voire l'esthétisme, qui anime les hackers en quête d'une expérience exceptionnelle, « fluide, stimulante, personnalisée et accessible au plus grand nombre de façon à capter cette ressource stratégique qu'est la multitude », et à propos duquel l'informaticien et essayiste Paul Graham va jusqu'à parler de « passion fanatique pour la beauté[3] ». Sur un mode plus prosaïque, le sociologue Michel Lallement, qui a enquêté sur les communautés de hackers et les *hackerspaces* de la baie de San Francisco, y voit une nouvelle philosophie du travail en formation : le *faire*. Dans ces nouveaux espaces, « le travail est à lui-même sa propre fin, sans que quiconque n'impose

1. Nicolas Colin, *La Richesse des nations après la révolution numérique*, Paris, Terra Nova, « Positions », 2015.

2. *Ibid.*

3. Paul Graham, *Hackers and Painters. Big Ideas from Computer Age*, Sebastopol (Californie), O'Reilly Media, 2010.

d'objectifs, de délais, de contraintes[1] ». Variante contemporaine du *Do it yourself*, il est tendu vers la réalisation de projets individuels ou collectifs, le partage des connaissances et la quête de nouvelles idées.

Ce nouvel imaginaire de l'entrepreneur est doté d'une capacité d'attraction dont on ne mesure pas toujours bien la puissance, notamment auprès de populations moyennement qualifiées et/ou discriminées qui voient là une chance de réussir que le système institutionnel classique distribue de façon très inégale, pour ne pas dire scandaleusement inégalitaire.

Pour beaucoup, dans les zones déshéritées, l'entrepreneuriat est bien souvent la seule chance de promotion sociale et d'émancipation à l'égard des pesanteurs de l'environnement et des sortilèges de la reproduction sociale. C'est notamment le cas dans les Zones urbaines sensibles (ZUS), devenues depuis peu Quartiers prioritaires de la politique de la ville. Une enquête récente révélait non seulement que ces quartiers ne sont pas des « déserts entrepreneuriaux », mais qu'ils sont au contraire des gisements d'activité et d'initiatives : on y comptait ainsi 132 000 entreprises en 2013 contre un peu moins de 110 000 en 2007 (+ 20 %)[2]. Les données générales de plus de 40 000 entreprises ont été examinées dans le cadre de cette étude et 400 entrepreneurs ont été interrogés en direct sur leur situation et leurs motivations. Les résultats bousculent bien des préjugés. Plus jeunes que leurs homologues des autres territoires (53 % ont moins de 40 ans, contre un peu plus de 30 % en moyenne au niveau national), ils ne sont

1. Michel Lallement, *L'Âge du faire. Hacking, travail, anarchie*, Paris, Seuil, « La couleur des idées », 2015.

2. Terra Nova et BPI Le Lab, *Entreprendre dans les quartiers. Les conditions de la réussite*, septembre 2016.

pas moins diplômés qu'eux (47 % ont au moins un niveau bac + 2). Et ils n'ont pas opté pour la création d'entreprise pour échapper au chômage : 84 % d'entre eux étaient actifs au moment de se mettre à leur compte ! S'ils ont fait ce choix, c'est d'abord pour être « leur propre patron », pour se soustraire à toute hiérarchie et, ajoutent-ils, pour percer le plafond de verre qui les empêchait jusqu'ici de s'épanouir et de progresser. Pour eux, la création d'entreprise a d'abord été un acte d'indépendance : ils sont sortis du rang.

Rien n'est plus erroné que de voir dans la multiplication contemporaine des entrepreneurs le témoignage d'un retour en grâce de l'entreprise. La vérité est que le prestige qui entoure désormais le statut d'entrepreneur est au contraire le signe du discrédit progressif de l'entreprise comme organisation productive intégrée, rationnelle et hiérarchisée. Paradoxalement, l'entrepreneur contemporain n'est pas le champion de l'entreprise telle que nous la concevions du temps de la société salariale, mais l'un des visages de sa contestation ou de son contournement. D'une certaine manière, il retourne l'imaginaire libéral d'émancipation et son refus de l'institution de l'autorité par la domination, contre l'entreprise classique elle-même et son modèle salarial[1].

Si l'on devait se risquer à un portrait collectif des nouveaux entrepreneurs à partir de quelques idéaux-types, il faudrait commencer par écarter les vieux modèles du bourgeois balzacien, de l'industriel provincial des films de Chabrol,

1. Sur le libéralisme comme refus de l'institution de l'autorité par la domination, voir Pierre Rosanvallon, *Le Capitalisme utopique. Histoire de l'idée de marché*, Paris, Seuil, 1999, Introduction : « Le marché et les trois utopies libérales ».

des grands capitaines d'industrie des sociétés cotées, ou encore le dynamisme clinquant et l'ambition insolente de l'entrepreneuriat idéalisé dans *Vive la crise !* (1984) au tournant des années 1980, et incarné ensuite par des personnages comme Bernard Tapie. Les nouveaux entrepreneurs se situent bien davantage dans notre imaginaire entre l'artiste, tel que le rêvait le jeune Marx des *Manuscrits de 1844*, et l'idéal anarcho-libéral du gouvernement de soi[1]. Ils sont en effet l'un des visages possibles du travailleur désaliéné, du créateur affranchi des hiérarchies et des spécialisations mutilantes de la division du travail, qui réalise dans son œuvre la plénitude de son essence particulière : « Milton a produit le *Paradise Lost* pour la même raison qu'un ver à soie produit de la soie. C'était une manifestation de sa nature », résume Marx dans les *Théories sur la plus-value* (1863)[2].

Nos nouveaux entrepreneurs ne sont bien sûr pas des poètes, et contrairement au « travailleur improductif » vanté par Marx, ils ne cherchent pas à se soustraire aux relations de concurrence et de rivalité propres au marché. Mais ils entendent bien reprendre possession de leur activité et se rendre maîtres

1. Pierre-Joseph Proudhon, *Du principe fédératif et de la nécessité de reconstituer le parti de la Révolution*, 1863, 1re partie, chapitre II, p. 24 : « Comme variété du régime libéral, j'ai signalé l'anarchie du gouvernement de chacun par soi-même. » Selon Proudhon, « l'autocrate de soi-même » serait « l'extrême inversé de l'absolutisme monarchique ». L'anarchie « consiste en ce que, les fonctions politiques étant ramenées aux fonctions industrielles, l'ordre social résulterait du seul fait des transactions et des échanges ».

2. Cité par Pierre-Michel Menger, *Le Travail créateur. S'accomplir dans l'incertain*, Paris, Gallimard-Seuil, « Hautes Études », 2009, p. 282. La citation fait référence au poète anglais John Milton et à son œuvre épique *Le Paradis perdu* (*Paradise Lost*) publiée en 1667.

de leur propre vie. Comme les artistes contemporains décrits par le sociologue Pierre-Michel Menger, ils voisinent « avec une incarnation possible du travailleur du futur, avec la figure du professionnel inventif, mobile, indocile aux hiérarchies, intrinsèquement motivé, pris dans une économie de l'incertain, et plus exposé aux risques de concurrence interindividuelle et aux nouvelles insécurités des trajectoires[1] ».

Si l'entrepreneur est auréolé d'un tel prestige social de nos jours, c'est d'ailleurs principalement pour ces raisons. Ce que l'on célèbre à travers lui, c'est d'abord une énergie capable de rompre les liens de subordination qui structuraient l'organisation du travail dans la société salariale et de faire face à l'incertitude. L'entrepreneur dont nous louons l'imagination et dont nous envions l'audace est moins un chef qu'un affranchi, moins un patron qu'un créateur, moins un manager qu'un rebelle. C'est Prométhée retrouvé. Aux exigences de discipline et de docilité, au monde étroitement normé et réglementé d'hier, il oppose l'insubordination radieuse de l'initiative.

La réalité vécue est parfois moins rose, cela va de soi. Le rejet de la subordination juridique ne supprime pas les liens de dépendance économique qui, dans certaines situations, peuvent d'ailleurs s'interpréter comme des formes de parasubordination[2]. Mais à trop insister sur le nuancier des expériences concrètes et des déceptions auxquelles elles peuvent donner lieu, on risque de manquer l'essentiel : l'aspiration à la liberté qui anime ces parcours, et le sens

1. Pierre-Michel Menger, *Portrait de l'artiste en travailleur*, *op. cit.*, p. 9.

2. Voir Gilbert Cette et Jacques Barthélémy, *Travailler au XXIe siècle...*, *op. cit.*

du geste qui les inaugure. Il ne suffirait pas de détailler les avanies rencontrées par ces nouveaux affranchis pour dissiper chez les autres le rêve d'une existence plus libre et pour redonner à la société salariale l'attractivité qu'elle a peu à peu perdue.

Les free-lances, les autoentrepreneurs, les slashers et les divers visages de l'indépendance sont peut-être les avant-courriers d'un monde où le travail échappera de plus en plus au cadre formalisé et réglementé dans lequel les sociétés industrielles avaient voulu l'enfermer et le contenir au point de marginaliser les pratiques autrefois communes d'autoproduction et d'autoactivité. Cette perspective peut éveiller les craintes de ceux qui redoutent la jungle du laisser-faire libéral. Mais elle peut aussi réveiller les rêves de ceux qui pensaient, hier encore, que l'émancipation des individus passerait nécessairement par un nouveau décloisonnement des différents registres de l'activité humaine. C'était le cas du philosophe André Gorz qui affirmait en 1998 : « Dans une société où, à l'échelle d'une vie, le travail [salarié] ne représente plus qu'un septième ou un huitième du temps de vie éveillé après l'âge de 18 ans, les détenteurs du pouvoir économique et politique craignent par-dessus tout une chose : que le temps hors travail salarié puisse devenir le temps dominant du point de vue social et culturel ; que les gens puissent s'aviser de s'emparer de ce temps pour “s'employer” à y faire eux-mêmes ce qu'eux-mêmes jugent bon et utile de faire[1]. »

1. « Oser l'exode de la société de travail », entretien avec André Gorz, *Les périphériques vous parlent*, n° 10, avril 1998.

D'une certaine façon, l'« ubérisation » de certains secteurs économiques donne aujourd'hui corps aux peurs d'« ensauvagement du travail » comme aux espérances de « réappropriation du travail ». Mais on a surtout souligné le visage sombre de cette ambivalence : les chauffeurs d'Uber ont été regardés comme des travailleurs exploités, privés des droits et des protections les plus élémentaires du salariat[1], et devant être d'urgence requalifiés en salariés, c'est-à-dire réintégrés dans le rang. Ils incarnaient en somme une intolérable régression aux yeux de beaucoup.

On a peut-être moins compris l'autre visage de cette expérience et de celles qui lui emboîteront immanquablement le pas dans le futur : la possibilité de diversifier ses activités sans avoir besoin d'un gros apport en capital, de travailler quand on en a envie ou besoin, et d'ignorer les barrières réglementaires à l'exercice professionnel tout en démocratisant des services hier encore réservés aux plus aisés…

Les grandes plateformes numériques de l'économie collaborative ne sont d'ailleurs pas les seuls fourriers de cette tendance à la déformalisation du travail. Dans une perspective à la fois écologique et solidariste, des militants et des créateurs contemporains « attrapent » le même désir de sortir du cadre posé par la société salariale. C'est le cas, par exemple, de Cyril Dion, réalisateur du documentaire à succès *Demain* et cofondateur du mouvement Colibris. La « révolution » qu'il appelle de ses vœux, et qui n'est, selon lui, ni de droite ni de gauche, implique de « renoncer au servage du travail moderne, à un certain conformisme qui

1. Alors même que les chauffeurs de taxi dont ils étaient censés menacer la condition ne sont eux-mêmes que rarement des salariés...

nous contraint à vendre notre temps, notre énergie, notre inventivité en échange d'un salaire[1] ». Bien sûr, ce serait aussi « renoncer à une certaine sécurité », mais pour « embrasser des vocations », « des activités dont la finalité n'est plus de faire tourner la machine infernale ». Et Cyril Dion de faire miroiter une « existence vibrante » permettant de « se réaliser » et « d'avoir la satisfaction d'être utile », autant d'aspirations partagées aujourd'hui très au-delà des mouvements écologistes.

Il est difficile d'imaginer que ce vent d'émancipation retombera de lui-même dans les années qui viennent. Au contraire, il risque fort de se renforcer et d'apporter aux déçus et aux perdants toujours plus nombreux de la société salariale des chances d'accomplissement qu'ils ne laisseront pas passer.

L'attitude la plus conforme aux exigences du progressisme ne consiste pas, de ce point de vue, à défendre la société salariale comme une citadelle assiégée et à résister bec et ongles aux demandes de liberté qui se multiplient et qui ne viennent pas toutes, tant s'en faut, de patrons avides ou de capitalistes cupides. Elle consiste plutôt à imaginer les formes de la propriété sociale qui seront les plus adaptées à ce nouveau monde, c'est-à-dire qui seront les mieux à même de donner de la sécurité à des actifs plus dispersés, plus indépendants, voire plus entreprenants.

La société salariale, on l'a dit, avait réussi à faire de la relation d'emploi le socle des droits sociaux, et des revenus du travail la source principale de financement de la protection des travailleurs et de leurs ayants droit en cas d'incapacité. L'enthousiasme un peu naïf qui accompagne, dans certains milieux, le développement de la société postsalariale fait trop

1. Cyril Dion, « Être plutôt qu'avoir », *Le Monde*, 15 août 2016.

souvent l'économie de cette question qui a pourtant de graves conséquences. La première est que les activités développées sous le régime de relations strictement commerciales ont, la plupart du temps, une moindre contribution au financement des solidarités collectives que celles qui sont développées sous le régime de la relation salariale – c'est d'ailleurs l'une des raisons pour lesquelles certains les recherchent. La seconde conséquence découle en partie de la première : une moindre protection pour les actifs affranchis de la relation salariale, ce qui n'est une bonne nouvelle pour personne – et surtout pas pour eux.

Peut-on reconstituer un minimum de sécurité individuelle en dehors du salariat et à quel prix ? C'est l'une des questions que nous pose notre époque que Nicolas Colin qualifie de nouveau « moment Polanyi » : nous vivons une transformation radicale des façons de produire, de travailler et de s'associer pour coopérer, mais nous avons à peine commencé à concevoir les institutions collectives capables d'« encastrer » ce nouveau monde dans un compromis social et politique durable[1].

L'idée centrale de l'économiste et historien d'origine hongroise, Karl Polanyi, est que le marché a toujours été enserré dans des règles et des relations sociales qui assuraient l'« encastrement » de l'économie dans la société, du moins jusqu'au seuil de l'ère industrielle. Dans son œuvre majeure publiée à la fin de la guerre, *La Grande Transformation*[2], il

1. « En France, on ne parle que de restaurer le passé… », entretien avec Nicolas Colin, *L'Obs*, juillet 2016. Voir aussi et surtout les analyses développées par le même auteur dans *La Richesse des nations après la révolution numérique*, *op. cit.*

2. Karl Polanyi, *La Grande Transformation. Aux origines politiques et économiques de notre temps* (1944), Paris, Gallimard, 1983.

décrit en effet le progressif « désencastrement » du marché sous la poussée du capitalisme industriel et du libéralisme au XIXe siècle, c'est-à-dire son émancipation de toute institution sociale et politique. Cette autonomisation du marché censé pouvoir s'autoréguler et vivre sa vie de façon autonome conduira le monde occidental à la grande crise des années 1930 et le précipitera dans la guerre, explique Karl Polanyi, imposant une resocialisation de l'économie, c'est-à-dire le « réencastrement » du marché dans les relations sociales par les interventions de l'État et de nouvelles régulations institutionnelles.

Pour Nicolas Colin, nous serions donc à nouveau entrés dans une phase de transition entre deux paradigmes économiques. Celle-ci se caractériserait une fois encore par une libéralisation des forces de marché et impliquerait, non pas que nous nous arc-boutions (en vain) sur la défense du monde d'hier, mais que nous pensions des institutions adaptées au monde de demain. Dans le cas de la France, cet effort passera notamment par une protection sociale attachée aux personnes plutôt qu'aux statuts d'emploi et par un droit du travail centré sur l'actif en général plutôt que sur le seul salarié.

Ce sont ces nouvelles institutions qu'il faut inventer. La page n'est d'ailleurs pas vierge. L'individualisation des droits à la formation et le Compte personnel d'activité ont marqué des avancées prometteuses en direction d'une nouvelle protection sociale[1]. Des juristes et des économistes

1. Le Compte personnel d'activité est né de la « loi El Khomri » : il s'agit d'un compte personnel qui fusionne le compte de formation, le compte pénibilité et le compte épargne-temps, permettant à chacun de capitaliser ces droits tout au long de sa carrière et de les transporter d'une situation d'emploi dans une autre. Voir Bernard Gazier, Jean-François

réfléchissent de leur côté à ce que pourrait être un droit de l'activité professionnelle fondé sur un principe de proportionnalité entre l'autonomie de l'actif et la hauteur des protections qui lui sont reconnues[1].

Le Ruof, Arnaud Lopez, Bruno Palier, Martin Richer, « Le bel avenir du compte personnel d'activité », Paris, Terra Nova, février 2016.

1. Voir Jacques Barthélémy et Gilbert Cette, *Travailler au XXIe siècle...*, *op. cit.* Voir aussi Jacques Barthélémy, « Civilisation du savoir et statut du travailleur », *Les Notes de l'Institut*, Paris, Institut de l'entreprise, décembre 2015.

Deuxième partie

L'insoumission du consommateur

V

Genèse de la société de consommation

Le pacte social scellé au lendemain de la guerre a permis d'apporter aux salariés un niveau de sécurité comme ils n'en avaient jamais connu dans le passé. Mais il a aussi permis de leur ouvrir les portes de la consommation de masse en augmentant fortement et régulièrement leur pouvoir d'achat. Jusqu'à cette époque, le travailleur avait été essentiellement conçu « comme un producteur maximal et un consommateur minimal[1] ». Désormais, il ne sera plus cantonné aux fourneaux : il viendra s'asseoir à la table du banquet. Il en sera même un hôte de marque. Il apparaît en effet rapidement de la plus haute importance qu'il y participe avec assiduité et avec un appétit sans cesse renouvelé. Le calcul économique rejoint ici une aspiration au confort que les épreuves des années de guerre ont considérablement aiguisée.

La « société de consommation » n'est cependant pas sortie tout armée de la reconstruction et de la forte croissance d'après-guerre. Pour en comprendre les déterminants historiques, il faut d'abord la regarder comme une rupture radicale, à la fois économique, culturelle et morale, avec la

1. Robert Castel, *Les Métamorphoses...*, *op. cit.*, p. 537.

société bourgeoise et les valeurs qu'elle avait imposées depuis le milieu du XIXe siècle. On ne perçoit en effet la singularité de la consommation de masse qu'en revisitant les mœurs des catégories dominantes du monde qui l'avait précédée.

Nul ne les a mieux décrites que le grand économiste John Maynard Keynes dont les idées sont d'abord orientées contre la morale victorienne du tout début du XXe siècle et son culte de l'épargne. La bourgeoisie aisée d'alors est aux antipodes de la dépense comme de la jouissance, ces valeurs cardinales de la société de consommation qui verra le jour après la Libération. Aux yeux des élites, et notamment des organisations patronales, si le travailleur vient à se trouver plus à l'aise, il doit épargner pour accroître sa sécurité et celle de sa famille, et se garder d'un surcroît de consommation qui menacerait toujours de l'inciter à l'ivrognerie et à l'absentéisme[1]. L'oisiveté des riches est une dignité ; celle des pauvres une calamité, la mère de tous les vices.

Dans *Les Conséquences économiques de la paix* (1919), Keynes a donné des pages lumineuses sur cette « psychologie de la société » d'avant-guerre, dont la religion du bonheur sans cesse différé s'attardera encore longtemps dans les esprits européens de l'entre-deux-guerres. Ces pages méritent d'être longuement citées : « Le devoir d'*épargner* représenta bientôt les neuf dixièmes de la vertu, et l'agrandissement du gâteau l'objet de la vraie religion. Autour de la non-consommation du gâteau s'épanouirent tous les instincts d'un puritanisme qui, en d'autres temps, s'était retiré du monde et avait négligé aussi bien l'art de produire que celui de se distraire. Et c'est ainsi que le gâteau s'accrut. Dans quel

1. *Ibid.*, p. 538.

but ? On n'y réfléchissait pas. On exhortait fréquemment les individus, non pas tant à s'abstenir de dépenser qu'à remettre la dépense à plus tard et à cultiver les plaisirs de la sécurité et de la prévoyance. Il fallait épargner, disait-on, pour vos vieux jours et vos enfants ; mais c'était là un conseil purement théorique, car le caractère vertueux du gâteau tenait à ce qu'il ne serait jamais mangé ni par vous ni par vos enfants après vous[1]. »

« Les nouveaux riches du XIXe siècle n'avaient pas été habitués aux grandes dépenses, écrit encore Keynes. Ils préféraient la puissance que leur procuraient leurs placements aux plaisirs de la consommation immédiate. » À ses yeux, ce rigorisme est non seulement une faute contre la légitime aspiration des hommes au bonheur ici-bas, mais la source d'un fonctionnement sous-optimal de l'économie. L'abstinence et la frugalité, dont les traductions économiques consistent dans l'exaltation de l'épargne, de la prévoyance et de la thésaurisation, conduisent immanquablement à une chute de la demande effective et, partant, de l'activité économique, c'est-à-dire de la création de richesses et de l'emploi.

L'économiste n'ignore pas que ce mauvais calcul du bourgeois puritain repose aussi sur des peurs malthusiennes qui paraissent bien exotiques aux yeux des contemporains de nos sociétés d'abondance, mais qui ne sont pas si déplacées dans le monde du XIXe siècle finissant où l'économie se pense encore comme une lutte perpétuelle contre la rareté : « Le gâteau était en réalité fort petit par rapport aux appétits, et

1. John Maynard Keynes, *Les Conséquences économiques de la paix* (1919), Paris, Gallimard, 2002, p. 33.

s'il avait été partagé entre ceux qui l'entouraient nul ne se serait retiré plus satisfait. La Société ne travaillait pas pour les minimes satisfactions du jour, mais pour la sécurité future et l'amélioration de la race – en fait pour le “progrès”. Si seulement le gâteau, au lieu d'être coupé, pouvait grandir dans la proportion géométrique prédite par Malthus pour la population, [...] un jour sans doute il y en aurait assez pour qu'on s'attable autour et la postérité pourrait profiter de nos peines. Ce jour-là, c'en serait fini du surtravail, de la surpopulation et de la sous-alimentation. Les hommes, tranquilles quant aux aises et aux besoins de leur corps, pourraient se diriger vers un plus noble exercice de leurs facultés. »

Mais les guerres donnent de l'importance aux gens ordinaires, comme le comprendra bientôt William H. Beveridge, le fondateur de la protection sociale britannique[1]. Les nécessités du premier conflit mondial suspendent partiellement les mesquines distinctions sociales des temps de paix et attachent un prix plus élevé à toutes les vies humaines : chaque individu valide est alors considéré comme un capital précieux, et la tragique proximité de la mort tend à égaliser la valeur relative des uns et des autres. Conjugués à la débauche de dépenses propre à l'économie de guerre, l'« effet égalisateur » du conflit et ses millions de morts ouvrent les appétits au partage. La peur d'une

1. « L'effet le plus général de la guerre est de rendre plus importants les gens ordinaires. [...] Chaque individu valide de la communauté devient un capital précieux. » William H. Beveridge, *The Pillars of Security and Other War-time Essays and Adresses*, Londres, 1943, cité par Pierre Rosanvallon (*La Nouvelle Question sociale*, Paris, Seuil, 1995), qui parle à ce sujet d'un « effet égalisateur » de la guerre.

confrontation avec les idées socialistes, qui progressent alors dans le mouvement ouvrier, ajoute à cette pression un peu partout en Europe. Les Lumières du XVIIIe siècle avaient conçu l'idée d'un bonheur terrestre ; le XIXe et le XXe siècle seraient une longue lutte pour que, sinon le bonheur lui-même, du moins un minimum de confort et de jouissance matériels fût mis à la portée du grand nombre. C'est ce que Keynes, encore une fois, avait bien compris : « Il était anormal qu'une population, dont si peu de membres jouissaient des joies de l'existence, ait accumulé de si immenses stocks. La guerre a dévoilé à tous la possibilité de la consommation et à beaucoup l'inanité de l'abstinence. Ainsi apparaît le mensonge. Les classes laborieuses peuvent ne plus vouloir pratiquer un si large renoncement. »

En réalité, il faudra encore attendre trois décennies et les convulsions successives de la Grande Dépression et de la Seconde Guerre mondiale pour que se mette en place en Europe la transformation que Keynes appelle de ses vœux. Dans le nouveau monde économique et social qui s'ouvre dans l'ensemble des sociétés européennes après la Libération, et que l'on a parfois qualifié de « *welfare state* keynésien », la consommation joue un rôle central. D'autant plus central qu'elle n'est plus l'apanage d'une bourgeoisie aisée libérée des contentions de la morale puritaine, mais le lot du grand nombre, de l'« homme moyen » comme le dit alors avec optimisme l'économiste Jean Fourastié.

Les sociétés industrialisées vont en effet tirer tous les bénéfices sociaux et économiques de la possibilité donnée aux travailleurs de devenir eux-mêmes des usagers de la production de masse dans laquelle ils ont été enrôlés. L'augmentation des salaires qui était encore regardée quelques décennies plus tôt comme un facteur de corruption des valeurs morales du peuple et de démobilisation de sa force de travail est désormais considérée non seulement comme la clé de son bien-être et de la paix sociale, mais aussi comme la condition de la prospérité des affaires. Henry Ford s'en souvient dans son autobiographie : « La fixation du salaire de la journée de huit heures à 5 dollars fut une des plus belles économies que j'aie jamais faites, mais en le portant à 6 dollars, j'en fis une plus belle encore[1]. »

En même temps qu'il devenait un salarié au sens moderne du terme, le travailleur allait donc devenir un consommateur de plein exercice. En lui ouvrant les perspectives d'une consommation dépassant la seule satisfaction de ses besoins vitaux, les sociétés occidentales allaient se doter de moyens supplémentaires pour résorber le déficit d'intégration qui avait caractérisé les catégories populaires et la plus grande partie du salariat depuis le début de l'ère industrielle.

Cette *politique des gens ordinaires* qui réussit à ouvrir un espace de prospérité dans une étroite partie du monde repose largement sur l'expansion de la consommation des ménages et la possibilité donnée au grand nombre d'accéder à un confort matériel inégalé. Par opposition à la bourgeoisie épargnante du XIXe et du premier XXe siècle, les classes moyennes qui se développent à partir de la Libération tirent fortement la consommation par leurs dépenses et seront bientôt suivies par les classes populaires. Dans ces décennies où le rendement du travail croît beaucoup plus vite que celui du capital et où les nouvelles générations peuvent devenir rapidement plus riches que leurs parents, les comportements

1. Henry Ford, *Ma vie et mon œuvre* (1922), Paris, Payot, 1927.

d'épargne, de rente et de thésaurisation s'avèrent même souvent perdants[1].

En France, cette mutation est menée au pas de charge, dans l'esprit de modernisation qui anime les années de reconstruction : aux yeux des élites politico-administratives qui sont alors à la manœuvre, il s'agit de combler le « retard français ». Elle entre également en résonance avec les rivalités de la guerre froide : la consommation de masse est l'une des distinctions affichées par les démocraties occidentales dont les États-Unis incarnent l'avant-garde la plus insolente aux yeux du reste du monde. Consommer, c'est « exprimer sa liberté en dépense », écrit bientôt Jean Fourastié[2]. Dans la satisfaction même des besoins et des désirs individuels par la dépense se manifestaient un modèle de civilisation et, plus ou moins consciemment, un choix politique.

Les promoteurs de l'expérience soviétique et des idées socialistes le comprennent très bien. Le Parti communiste français prend ainsi la tête, en 1950, avec le soutien des lobbies locaux de l'eau minérale et du vin, d'une proposition de loi anti-Coca-Cola[3]. La lutte contre la consommation de masse et la lutte contre l'américanisation font alors système. Elles enrôlent d'ailleurs dans leurs rangs, en une étrange alliance, un nombre conséquent d'intellectuels critiques et de voix conservatrices.

1. Voir Thomas Piketty, *Le Capital au XXIe siècle*, Paris, Seuil, « Les livres du nouveau monde », 2013.
2. Cité par Régis Boulat, « Jean Fourastié ou le prophète repenti », *Vingtième Siècle*, n° 91, 2006/3.
3. Marie-Emmanuelle Chessel, *Histoire de la consommation*, Paris, La Découverte, « Repères », 2012.

Mais ces résistances s'avèrent bien faibles rapportées à la puissance du processus qui vient de s'enclencher : le budget annuel moyen du consommateur double en moins de vingt ans (entre 1950 et 1968), fournissant ainsi un débouché aux biens produits et réalisant la boucle vertueuse des Trente Glorieuses. Ce modèle de développement, poussé par une démographie très vigoureuse, marque l'âge d'or d'un fordisme à la française où modernisation de la production et consommation de masse se répondent pour soutenir le gigantesque effort de rattrapage dans lequel sont entrés les Européens après les années de destruction. En ces temps bénis du keynésianisme, il ne viendrait à l'idée de personne d'opposer les intérêts du travailleur (l'emploi) et ceux du consommateur (des prix bas) : en un temps où les ménages sont encore en phase d'équipement et où la mondialisation ne s'est pas encore déployée, ces intérêts ne font qu'un.

Dans ce schéma qui articule étroitement production de masse et consommation de masse, une révolution commerciale est nécessaire pour *vendre en masse* en réduisant les frais de commercialisation[1]. Car le monde de la fin des années 1950 est encore celui du petit commerce indépendant intégré dans des réseaux de distribution peu performants : on y compte encore un intermédiaire pour six détaillants. La figure dominante du commerçant est encore celle d'un homme, « plutôt âgé, en blouse, le crayon sur l'oreille », qui vend peu et cher à des clients qui sont en général ses voisins[2].

1. Pour un aperçu de cette révolution commerciale, voir Jean-Claude Daumas, « Consommation de masse et grande distribution : une révolution permanente (1957-2005) », *Vingtième Siècle*, n° 91, 2006/3, p. 57-76.
2. *Ibid.*

Bref, pour que la fête commence, il y manque encore un appareil commercial d'un nouveau type, capable de répondre aux attentes du consommateur moderne, mais aussi d'en façonner les désirs et les comportements. C'est cet instrument qui va être alors inventé et transformer en profondeur les pratiques de consommation et les modes de vie.

VI

L'âge des *Choses*

La révolution commerciale qui marque les années 1950-1960 est assez largement un produit d'importation. Au lendemain de la Libération, les missions de productivité[1] dépêchées aux États-Unis à la faveur du plan Marshall étudient de près le supermarché, le libre-service, l'usage des caisses enregistreuses et les méthodes de vente modernes. Les professionnels de la distribution vont suivre, les uns après les autres, les enseignements du spécialiste du marketing moderne, Bernardo Trujillo, « l'oracle de Dayton ». Ses formules seront reprises en boucle : « Pas de parking, pas de business », « Empilez haut et vendez bas », « Faites du cirque dans vos magasins », « Créez un îlot de pertes dans un océan de profits », etc.

Dans la France de Jacques Tati, tout le monde semble répéter, comme le facteur à vélo de *Jour de fête* : « Rapidité, efficacité, comme chez les Américains ! » Sauf peut-être

1. Dans le contexte de l'après-guerre se mettent en place, sous l'égide d'une élite politico-administrative décidée à corriger le « retard français », toute une série d'initiatives destinées à moderniser les structures économiques et sociales du pays. Parmi ces initiatives figurent les « missions de productivité », voyages d'étude à l'étranger (singulièrement aux États-Unis) auxquels participent des hauts fonctionnaires et des représentants des organisations professionnelles.

Jacques Tati lui-même qui, comme d'autres artistes, se fait l'écho des grincements de dents au cœur d'une société que ces transformations bousculent dans ses habitudes et ses traditions. Et des absurdités qu'elle accumule dans un enthousiasme avide et déchaîné : le manège des automobiles qui tournent sans fin autour du rond-point à la fin de *Playtime* en restera l'une des images les plus emblématiques.

Il n'empêche, la « modernité » s'impose, et avec elle les « usines à vendre » (pour consommer toujours plus et moins cher), les automobiles (pour aller faire ses courses), les réfrigérateurs (pour les stocker)... La recette se résume à une équation simple : vendre en masse des produits standards à un consommateur indifférencié. Les effets ne se feront pas attendre : l'indice des prix de l'Insee, qui ne comptait que 34 articles de référence en 1946, en recense 295 vingt-cinq ans plus tard !

Cette révolution commerciale a un visage : l'hypermarché. Il apparaît en 1963, avec l'ouverture d'un magasin Carrefour de 2 500 m^2 à Sainte-Geneviève-des-Bois dans l'Essonne, en bordure de l'autoroute du Sud. Le gigantisme commercial à l'américaine vient de prendre pied dans l'Hexagone. La nouveauté de ce commerce trois ou quatre fois plus grand que la moyenne des épiceries d'alors ne tient pas seulement à sa taille, mais aussi à la pratique du libre-service. La disparition des vendeurs donne la liberté de « fouiner » soi-même dans les rayons, et l'anonymat protège un espace quasi domestique où « la négociation se fait entre soi et soi ou avec les siens [1] ».

1. Voir Maryse Perrot, *Faire ses courses*, Paris, Stock, 2009, p. 47. Le libre-service est apparu en France en 1948 à Paris. Mais il s'est généralisé beaucoup plus tard. En 1959, on ne compte encore que 1 663 magasins qui fonctionnent entièrement ou partiellement en libre-service.

Autres innovations du site de Sainte-Geneviève-des-Bois : il mêle l'alimentaire et le non-alimentaire, et comporte une pompe à essence qui permet au consommateur de « faire le plein » en même temps que ses courses. « Pas de parking, pas de business », avait prévenu Trujillo. C'est le début des courses motorisées.

Dans les années qui suivent, les « hypers » se multiplient sur l'ensemble du territoire aux abords des villes, maculant le paysage de leurs immenses enseignes. Dix ans plus tard, la course à la taille accouche de géants de 7 000 m^2 entourés de vastes étendues de bitume pouvant accueillir entre 1 000 et 2 000 voitures. Et la folie des grandeurs ne s'en tient pas là : bientôt, des monstres de plus de 15 000 m^2 sortent de terre dans les grandes périphéries urbaines du pays…

L'hypermarché, c'est l'économie d'échelle déployée dans l'ordre du commerce de détail. Les quantités commandées aux producteurs par ces colosses de la distribution permettent d'obtenir des prix bas. Les profits résultent, d'un côté, d'un pouvoir de négociation de plus en plus déséquilibré avec le haut de la chaîne, et, de l'autre, de la rotation rapide des stocks. La marge par consommateur est faible, mais l'immense volume assure un profit conséquent et croissant, et garantit la rentabilité des capitaux investis. Le métier principal des hypers consiste en somme à capter une demande massive, récurrente et relativement homogène. L'aménagement dépouillé des magasins et le libre-service (absence d'intervention d'un vendeur, produits préemballés, affichage très apparent des prix, caisse à la sortie…) permettent de comprimer un peu plus les coûts.

La France compte aujourd'hui plus de 1 500 hypermarchés, soit la plus grande densité au monde. Ils sont le témoignage de l'âge d'or de la consommation de masse telle qu'elle s'est affirmée à partir des années 1960 et dans les deux décennies qui ont suivi. Contre le monde économe et prudent de leurs parents et de leurs grands-parents, contre les privations des années de guerre et de reconstruction, les générations nées après la Libération tirent alors les dividendes des temps d'efforts : on se réalise dans la dépense.

Le sociologue Jean Baudrillard a fixé les contours de ce système dans son essai le plus célèbre, *La Société de consommation* (1970). Le modèle repose sur un « contrat d'abondance » qui fait de la profusion des biens proposés et de la recherche effrénée de croissance et de confort matériels les finalités ultimes de la société. Fruit d'un immense effort de production et appel à un immense élan de consommation et de destruction, l'abondance mise en scène dans les temples de la grande distribution est la nouvelle divinité tentatrice d'un monde sans dieux. Le contrat social autour duquel se noue la société de consommation est un pacte faustien pour des temps sécularisés : « Si la société de consommation ne produit plus de mythe, c'est qu'elle est elle-même son propre mythe, écrit Baudrillard. À un Diable qui apportait l'Or et la Richesse (au prix de l'âme) s'est substituée l'Abondance pure et simple. Et au pacte avec le Diable le contrat d'Abondance[1]. » Les piles de boîtes de conserve qui surplombent le consommateur poussant son Caddie, les longs linéaires de pâtes ou de lessives, les innombrables marques de biscuits, les « pyramide[s] croulante[s] d'huîtres, de viandes, de poires et d'asperges en boîte[2] »... manifestent le triomphe de la machine à produire,

1. Jean Baudrillard, *La Société de consommation*, Paris, Gallimard, « Folio essais », 1987.
2. *Ibid.*, p. 19.

son apothéose standardisée et la puissance païenne de son matérialisme.

Cette abondance est le levier d'une réification du progrès, du bonheur et de la réussite. La passion des « choses » qui anime la société de consommation ne consiste pas seulement à satisfaire des besoins, contrairement à ce que prétendent les tenants du dogme de l'utilité économique. Elle ordonne une nouvelle façon de se réaliser socialement en se différenciant dans l'accumulation matérielle des objets, fussent-ils les fruits standardisés d'une industrie qui réalise des économies d'échelle par la production en série. Ce principe de différenciation généralisée signifie que les positions sociales ne s'étalonnent plus seulement à partir de la place occupée dans l'appareil productif, mais aussi et peut-être d'abord à partir d'un classement dont les objets possédés sont les principaux marqueurs. La consommation en vient à concurrencer le travail comme principe de la hiérarchie sociale.

Ces objets acquièrent ainsi une *dimension statutaire* : ils qualifient et réalisent le statut social de leur propriétaire. Comme les personnages des *Choses* de Georges Perec, qui reçoit le prix Renaudot en 1965, les individus de la société de consommation vivent à travers les biens qu'ils consomment – au risque de s'y abîmer. Jérôme et Sylvie, les héros du roman, psychosociologues de leur état, s'épuisent dans des rêves d'enrichissement et d'accumulation sans fin où ils croient pouvoir trouver le chemin d'un bonheur qui se dérobe sans cesse. L'accumulation et la destruction des choses apparaissent comme le seul salut offert par la modernité à un homme pseudo-fonctionnel qui ne jure que par les biens dont il a pris possession et qui ont peu à peu pris possession de lui. Comme dans la « Complainte du progrès » de Boris Vian, le quotidien est envahi d'accessoires et de gadgets à l'utilité incertaine, le bric-à-brac des couples modernes : la « tourniquette à faire la vinaigrette », le « ratatine-ordures », les « draps qui chauffent », le « pistolet à gaufres », le « bel aérateur pour bouffer les odeurs »…

Même Jean Fourastié, qui avait pourtant anticipé avec optimisme le développement de la consommation de masse après la guerre, finit par marquer sa perplexité devant le consommateur des Trente Glorieuses qu'il décrit finalement comme le « roi illusoire » du monde moderne[1]. Le but n'est plus tant de faire reculer les besoins et de progresser sur le chemin de la liberté que de les entretenir, de les susciter et d'en créer de nouveaux. Aider l'individu à étendre et développer toujours davantage sa puissance de consommation devient le credo dominant des politiques publiques.

Le besoin se renouvelle par l'innovation permanente, mais aussi par la dilapidation. La société de consommation a besoin de créer des objets, puis de les détruire pour en créer et en vendre de nouveaux. Les objets défaillants ou simplement abîmés ne sont plus réparés mais remplacés par d'autres. Le « jetable » (rasoirs, mouchoirs, etc.) fait bientôt son apparition sur les rayons. Le gaspillage devient une habitude quotidienne. Il est le contreseing de l'abondance : « C'est ainsi qu'il faut lire l'immense gaspillage de nos sociétés d'abondance, écrit Baudrillard. C'est lui qui défie la rareté et qui signifie contradictoirement l'abondance. C'est lui, dans son principe et non l'utilité, qui est le schème psychologique, sociologique et économique directeur de l'abondance[2]. »

1. Voir sur ce sujet Régis Boulat, art. cité.
2. Voir Jean Baudrillard, *La Société de consommation*, *op. cit.*, p. 53.

Résultat : la nourriture en surplus s'accumule dans les poubelles et les décharges. Des méfaits qui avaient été déjà aperçus avant-guerre par les contempteurs de la société américaine. Au début des années 1930, le philosophe Alain dénonçait ainsi le scandale de la dilapidation, s'attardant sur « ces amas d'autos rouillées que l'on trouve en Amérique ici et là[1] » : « Pour un rouage usé, tout ce fruit du travail est laissé à la pluie. » En contrepoint de ce grand gaspillage (« On ne répare point ; on achète du neuf »), Alain vante l'esprit de la ferme : « Dans une ferme au contraire tout est vieux et reprisé ; on y voit des culottes héroïques. C'est que le lien y est serré entre le travail et la dépense. Tout y est compté en journées. Journées, quel beau mot[2] ! »

Telle est bien pourtant la rupture avec le vieux monde. Et il faut ajouter que l'indifférence aux dégradations environnementales fantastiques occasionnées par cette orgie de dépense et de surconsommation fait partie des ressorts du système et du dépérissement à la fois écologique et moral qui l'accompagne. De ce point de vue, l'orgie est une hécatombe.

Ce système fonctionnera pourtant prodigieusement bien pendant plusieurs décennies. La hausse de la consommation de produits standardisés est continue, soutenue par la croissance du pouvoir d'achat et l'extension de classes moyennes en phase d'équipement. En cinquante ans, le volume de consommation par habitant sera multiplié par trois en France. Les promesses qui étaient au cœur du pacte de la société salariale sont tenues : dotés de sécurité professionnelle et de garanties sociales sans

1. Alain, *Propos d'économique*, Paris, Gallimard, « nrf », 1934.
2. *Ibid.*

précédent, crédités d'un pouvoir d'achat croissant, les Français consomment et font tourner la machine à plein régime.

Mais, plus encore qu'un « roi illusoire », le consommateur apparaît de plus en plus à beaucoup, et bientôt à ses propres yeux, comme un esclave de la grande machinerie productiviste qui s'est mise en branle au lendemain de la guerre. En même temps qu'elle lui apporte un confort matériel sans précédent, elle l'expose aux corrosions du conformisme de masse. Le paradoxe pourrait se résumer en quelques mots : jamais le bien-être des individus n'avait autant compté, mais jamais leur individualité n'avait été autant menacée par des stratégies de conditionnement et par l'assujettissement au règne de la marchandise. Pour saisir l'ampleur des déplacements qui se jouent alors, il faut revisiter ce qu'a été cette « ère des masses » dans la pensée des contemporains, avant même que les tenants de la sociologie critique ne s'emparent du sujet.

Dans l'idée de masse, l'individu est en effet réduit au statut de particule indifférenciée du grand nombre rassemblé. Depuis la *Psychologie des foules* (1895) de Gustave Le Bon, l'un des pères de la psychologie sociale, la « grégarisation » s'est imposée comme le principe organisateur, la « colle » des masses modernes où s'abîment toute pensée critique et toute autonomie personnelle. De même que la loi de la gravité organise la matière, l'empire de la masse prend le contrôle des esprits de ceux qui s'en approchent et assimilent les individus à une simple quantité humaine dépourvue de conscience libre.

Telle est l'imprégnation des pages très pessimistes qu'Henri de Man consacre à la fin de sa vie à la notion de masse dans *L'Ère des masses et le déclin de la civilisation*. Cet ancien président du Parti ouvrier belge, connu pour ses travaux sur la psychologie du socialisme, rallié à l'antiparlementarisme et au fascisme sous l'Occupation, a pu observer de près la puissance de la propagande et la manipulation des masses sous des formes autrement dramatiques : « Par masse, il faut entendre ici beaucoup plus qu'une foule d'hommes ou une couche sociale déterminée. La masse étant essentiellement caractérisée par un comportement non pas autonome, mais réactif, tout homme appartient à une masse dans la mesure où il subit avec d'autres l'action de forces étrangères qui déterminent son comportement. Les acheteurs qui, dans le choix de la marchandise, cèdent à l'influence de la réclame ou, par conformisme social, suivent la mode ou l'exemple d'une classe sociale plus élevée, forment une masse [...]. Chacun de nous est “grégarisé” dans la mesure exacte où son attitude sociale est, dans quelque domaine que ce soit, déterminée par l'influence d'une masse[1]. »

L'homme des masses vit sous l'emprise de déterminismes qui le réduisent au rang d'être passif ou réactif. Les salariés de l'âge industriel sont, pour le sociologue belge, de bons exemples de cette masse grégarisée qu'il oppose aux artisans de l'ancien temps : dépossédés des moyens de production et de la vente des produits, privés de fait de toute autonomie économique, les salariés sont « leur vie durant soumis à une discipline de masse et se trouvent sous la coupe de puissances anonymes qui leur sont étrangères[2] ». Ils sont réduits à leur force de travail, c'est-à-dire à une généralité indistincte. Pour cette même raison, ils sont éminemment substituables les uns aux autres. À l'instar des machines, dans un monde industriel

1. Henri de Man, *L'Ère des masses et le déclin de la civilisation*, chapitre III, « La masse et la grégarisation », Paris, Flammarion, 1954, p. 45.

2. *Ibid.*, p. 47.

où le travail se résume souvent à une simple dépense d'énergie, ils peuvent même être considérés comme une partie du capital ou une source d'énergie parmi d'autres.

La masse moderne peut du reste se passer de l'agglomération physique du grand nombre, fait encore observer Henri de Man au sujet de la publicité et de la propagande : « Un des triomphes de la technique moderne est la fabrication d'une foule ou d'une masse invisible au moyen de la réclame et de la propagande. Le fait que l'influence ainsi exercée échappe en grande partie à la conscience des intéressés la rend particulièrement efficace. Chacun sait que la réclame atteint son but dans la mesure où elle réussit par la suggestion à se frayer un chemin jusqu'à ces régions du subconscient où se forment les associations d'idées d'ordre affectif. Pour parvenir à ses fins, la propagande ne procède pas autrement. »

Le pouvoir de la masse finit par élire domicile dans l'intériorité des individus, dans le sanctuaire même de leur conscience et de leur volonté. Le pessimisme culturel d'Henri de Man, qui tisse de sordides continuités entre le viol de la volonté libre par la propagande des régimes les plus odieux de l'histoire européenne et les manipulations douces de la publicité dans ce que l'on n'appelle pas encore la société de consommation, est nourri de la sombre lucidité des sciences sociales qui trouve ses sources premières dans la triade classique Freud-Marx-Nietzsche. Le plus souvent avec une tout autre perspective idéologique et politique, les philosophies critiques des années 1960-1970 se situeront dans la même tradition intellectuelle pour poursuivre le procès des diverses formes d'aliénation propres aux sociétés modernes.

Les sociologues ne sont pas les seuls à décrire l'aliénation propre à l'ère des masses. Chez les économistes, des voix hétérodoxes commencent à se faire entendre dans le même registre. C'est le cas, par exemple, de John Kenneth Galbraith à qui les réflexions de Baudrillard doivent beaucoup. Exposant sa théorie de la « filière inversée », il explique très simplement, dès 1958, que « Ce sont les entreprises qui imposent des produits aux consommateurs, et non l'inverse[1] ». Contrairement à ce que prétendent les théories économiques classiques, le consommateur, selon lui, n'est pas le maître du marché, mais le jouet des nouvelles grandes puissances économiques, un pantin qu'elles manipulent à leur guise : « L'initiative de décider ce qui devra être produit n'appartient pas au consommateur souverain, lançant par la voie du marché les instructions qui soumettent en dernier ressort les mécanismes économiques à sa volonté. Elle émane plutôt de la grande organisation productrice qui tend à contrôler les marchés qu'elle est supposée servir et, à travers eux, à assujettir le consommateur aux besoins qui sont les siens[2] ». La grande entreprise « pousse ses tentacules » pour « diriger les comportements de marché et modeler les attitudes sociales[3] ». Galbraith prête, en particulier, à la publicité le pouvoir « d'enlever à l'acheteur – chez qui il échappe à tout contrôle – le pouvoir de décision pour le transférer à l'entreprise, où il peut être manipulé[4] ». Une théorie qui sera reprise avec une grande constance par de nombreuses générations d'intellectuels dans les décennies suivantes, au

1. Voir John Kenneth Galbraith, *The Affluent Society*, Boston, Houghton Mifflin. Trad. française, *L'Ère de l'opulence*, Paris, Calmann-Lévy, 1961.
2. John Kenneth Galbraith, *The New Industrial State*, Boston, Houghton Mifflin. Trad. française, *Le Nouvel État industriel*, Paris, Gallimard, 1968, p. 19.
3. *Ibid.*, p. 222.
4. *Ibid.*, p. 212.

point de faire des agences publicitaires de Madison Avenue les sorciers de l'ombre qui auraient imposé aux Américains, puis au reste du monde, l'« envie d'acheter » comme mode de vie[1].

Des personnages comme Edward Barnays font alors couler beaucoup d'encre chez les historiens critiques. Ce neveu de Freud installé aux États-Unis dans les années 1920 a théorisé le consommateur comme une espèce d'acheteurs « qui n'a pas besoin de ce qu'il désire et ne désire pas ce dont il a besoin ». Il faut, dit-il, s'adresser aux ressorts inconscients, aux émotions irrationnelles et aux désirs des gens. C'est ainsi que Barnays vend aux industriels du tabac l'idée que l'on peut faire en sorte que les femmes se mettent à fumer si on leur présente la cigarette comme le symbole phallique de leur émancipation. Les cigarettes deviennent des *freedom torches* (« torches de la liberté ») dans la propagande des industriels. Le génie de Barnays lui vaut cet étrange compliment de la part du président Hoover : « Vous avez transformé les gens en infatigables machines à bonheur[2]. »

L'emprise du *big business* sur les choix et sur les préférences du consommateur ne fait guère de doute et suggère, en effet, l'existence d'une « filière inversée ». Bien sûr, en dehors du monde des grandes entreprises – qui forment ce que Galbraith appelle la « technostructure » –, la filière classique reste la

1. Voir en particulier les textes du sociologue, historien et activiste américain Stuart Ewen, bien connu du milieu de la sociologie d'inspiration situationniste. Notamment Stuart Ewen, *Consciences sous influence. Publicité et genèse de la société de consommation* (1976), Paris, Aubier, 1992.

2. Cité par André Gorz, *L'Immatériel. Connaissance, valeur et capital*, Paris, Galilée, 2003, p. 65.

règle. Mais on assiste, depuis 1945, selon l'économiste, à une mutation du capitalisme où le marché est progressivement éclipsé par les grandes organisations, substituant aux arrangements spontanés une intelligence organisée qui impose ses choix et pour qui la croissance résume à elle seule toutes les finalités de la vie sociale. Galbraith y voit un abâtardissement du keynésianisme « dont les politiques assurant la continuité du niveau de la demande globale sont désormais accaparées par des critères quantitatifs répondant aux impératifs du système industriel[1] ». Loin de sonner la fin du « problème économique » et de conduire les hommes vers ce « plus noble exercice de leurs facultés » dont avait plus ou moins rêvé Keynes[2], l'apogée de la société de consommation consacre ainsi un monde où la croissance et l'augmentation des richesses ne font pas reculer les besoins, mais au contraire les multiplient sans cesse. Dans les sociétés consuméristes, la roue de la « destruction créatrice » ne s'arrête jamais.

1. Ludovic Frobert, Cyrille Ferraton, « John Kenneth Galbraith : le contrôle du pouvoir dans le capitalisme américain », *L'Économie politique*, n° 20, 4/2003, p. 80-88.

2. Dans un essai paru en 1930, Keynes explique que, d'ici à cent ans (2030, donc...), l'accroissement des richesses pourrait avoir mis fin au « problème économique », offrant à l'humanité la liberté de s'accomplir dans d'autres activités que le travail. Keynes appréhendait cependant ce moment qui s'accompagnerait nécessairement, disait-il, d'une redoutable épreuve de réajustement des habitudes de « l'homme moyen » : « Je songe avec terreur au réajustement de ses habitudes et de ses instincts que devra effectuer l'homme moyen, alors qu'il faudra qu'il se débarrasse en quelques décennies de ce qui lui fut inculqué au cours de générations multiples. Pour employer une expression d'aujourd'hui, ne faut-il pas s'attendre à une dépression nerveuse collective ? » Voir John Maynard Keynes, « Perspectives économiques pour nos petits-enfants » (1930), in *La Pauvreté dans l'abondance*, Paris, Gallimard, « Tel », 2002.

Si la vision critique de Galbraith a donné lieu à de nombreuses polémiques avec les économistes libéraux qui ont mis en exergue ses limites méthodologiques, elle a aussi étayé et justifié de nombreuses lois de protection du consommateur. Qu'elle soit vraie ou fausse, c'est elle qui va progressivement gagner la bataille des représentations, imposant l'image d'un consommateur « conditionné », soumis et manipulé par les pouvoirs économiques.

Le développement de la consommation de masse après la Libération a apporté aux sociétés occidentales un niveau de confort qu'elles n'avaient jusqu'alors jamais connu. Mais la « société de consommation » a assez largement échappé aux individus consommateurs qu'elle était censée servir. Et c'est précisément à ce rapport de domination que nombre de consommateurs contemporains cherchent à présent à échapper.

VII

La démassification

La société de consommation est née dans un contexte historique exceptionnel, celui d'une économie de reconstruction, puis de rattrapage. Cette parenthèse s'est refermée dans les années 1970-1980. Au-delà des chocs pétroliers auxquels on associe en général la fin des Trente Glorieuses, les politiques keynésiennes buttent sur la stagflation, c'est-à-dire la coexistence d'un chômage croissant (on parlera bientôt de chômage de masse) et d'une inflation élevée. La mondialisation et l'intensification des échanges à partir des années 1980 conduisent en outre à la mise en concurrence des travailleurs à l'échelle internationale et érodent peu à peu le sentiment que leurs intérêts ne font qu'un avec ceux des consommateurs. Le recul du syndicalisme dans les mêmes années contribue à dégrader le rapport de force entre employeurs et employés, au moment où le capitalisme commence à se financiariser et où les centres de décision s'éloignent des lieux de production.

L'atterrissage est progressif mais inexorable. La croissance du PIB, qui était en moyenne de 5,9 % par an dans les années 1960, tombe à 2 % au cours des années 1990 puis à 1,4 % dans la décennie suivante. La croissance annuelle de la productivité du travail, qui était en moyenne de 5,7 % entre 1950 et 1975, décline à 0,6 % entre 1995 et 2005. Quant à la consommation finale des ménages, après avoir bondi de 53 % entre 1960 et 1970, et encore de 36 % entre 1970 et 1980, elle ne progresse plus que de 18 % dans les années 1980 et de 15 % dans la dernière décennie du siècle[1].

La consommation des ménages reste, bien sûr, une pièce maîtresse de notre modèle économique. En 2012, au milieu d'une crise économique de grande ampleur, elle représentait encore plus de la moitié du PIB et elle demeure de loin le poste le plus important de la demande finale[2]. Cette stabilité relative s'explique notamment par le jeu des prestations sociales et des redistributions qui permettent de franchir les différentes crises en tenant à peu près à flot la consommation des ménages – en particulier celle des plus modestes. Mais, outre que les déficits sociaux et l'endettement public s'accroissent dangereusement, la confiance dans l'avenir et dans le progrès se retire peu à peu des relations sociales et politiques. En deux décennies, la matrice psychologique dans laquelle la société de consommation avait été conçue s'est brisée. C'est ainsi que la France sort du cycle enchanté des Trente Glorieuses chargée d'un pessimisme collectif sans égal parmi les nations développées[3].

1. Il s'agit précisément de la consommation finale des ménages en volume aux prix de l'année précédente chaînés.

2. Marie-Hélène Faure, Hélène Soual, Clovis Kerdrain, « La consommation des ménages dans la crise », *Note de conjoncture de l'Insee*, juin 2012.

3. Voir Pierre Cahuc et Yann Algan, *La Société de défiance. Comment le modèle social français s'autodétruit*, Paris, éditions Rue d'Ulm, « Cepremap », 2007. Les auteurs documentent largement le phénomène de la défiance en France. Si celle-ci ne fait guère de doute, l'interprétation que les auteurs donnent de ses causes, en revanche, soulève d'importantes discussions. Voir Nicolas Delalande, « Une histoire de

Ces transformations du paysage macroéconomique n'éclairent toutefois qu'une petite partie des mutations qui altèrent le modèle de la consommation de masse à la fin du XXe siècle. Celles-ci tiennent davantage aux métamorphoses du consommateur lui-même. Dès les années 1980 s'amorce un processus de « démassification » qui prend la forme d'une demande croissante de variété, de qualité et de personnalisation, en rupture avec l'offre standardisée des décennies d'après-guerre. Les consommateurs tournent peu à peu le dos à ce monde de la production en grandes séries où les industriels répétaient à l'envi la boutade attribuée à Henry Ford à propos de son modèle le plus célèbre, la Ford T : « Les gens peuvent choisir n'importe quelle couleur, du moment que c'est noir. » Désormais, ils veulent vraiment varier les couleurs et même les options.

Les observateurs devinent là les prémices d'un modèle hybride. Ils commencent à parler de « consommation de masse personnalisée ». La contradiction qui gît au cœur de l'expression ne va cesser de s'aiguiser : les manuels de marketing parleront bientôt de « personnalisation de masse » ou encore de « marketing du moi [1] »... Le terme de « customisation » finira même par se faire une place dans le langage courant.

Les ressorts de cette évolution sont à la fois économiques et culturels. L'élévation du niveau de vie a modifié la structure de consommation des ménages en la déportant progressivement

la confiance est-elle possible ? Remarques sur l'imaginaire historique de deux économistes », *La Vie des idées*, 24 juin 2008.

1. Voir par exemple B. Joseph Pine, *Mass Customization : the New Frontier in Business Competition*, Boston, Harvard Business School Press, 1992.

vers la satisfaction de demandes plus élaborées, et du même coup vers la recherche de biens et de services plus diversifiés[1]. La part de l'alimentation dans le budget des ménages a ainsi reculé de façon très sensible ces cinquante dernières années, tombant de 38 % en 1960 à 25 % en 2007 (pour mémoire, elle représentait environ 70 % du budget ouvrier cent ans plus tôt[2]...). L'explication de cette évolution est assez simple : quand le revenu disponible des classes moyennes et populaires augmente aussi sensiblement que dans ces années-là, les ménages n'achètent pas davantage de pain et de vin, ils se tournent vers des pains et des vins de meilleure qualité et demandent à l'appareil productif de monter en gamme et de leur fournir une plus grande variété de produits. Ils ont également le loisir d'allouer une part de leur revenu à des dépenses qui étaient jusqu'alors inaccessibles, exceptionnelles ou jugées superflues. C'est ce qui explique la progression des services dans ces mêmes budgets (de 40 % en 1940 à environ 60 % aujourd'hui). Les dépenses de communication, loisirs et culture, par exemple, se sont nettement accrues, passant de 10 % à 16 % entre 1960 et 2007.

Par ailleurs, la dynamique d'équipements en biens durables relativement standardisés arrive à quasi-saturation pour toute une série de produits qui avaient fortement soutenu la croissance des Trente Glorieuses : 97 % des ménages possèdent désormais un téléviseur couleur, 99,8 % un réfrigérateur en 2007, 94 % un lave-linge, 85 % un congélateur. Et si près d'un

1. Voir Georges Consales, Maryse Fesseau et Vladimir Passeron, « La consommation des ménages depuis cinquante ans », in *Cinquante Ans de consommation en France*, Insee, 2009.

2. En 1856, exactement. Voir Robert Castel, *Les Métamorphoses...*, *op. cit.*, p. 558.

tiers des ménages étaient encore non motorisés en 1980, ils ne sont plus que 17 % dans ce cas en 2008.

Ayant couvert pour l'essentiel leurs besoins primaires et atteint un niveau d'équipement relativement élevé, les consommateurs sont désormais animés de désirs nouveaux et d'attentes plus singulières. Ils ne veulent plus être considérés comme les cibles indifférenciées d'un marketing de masse et soumis aux diktats d'une offre standardisée, souvent de médiocre qualité et segmentée uniquement par le prix. Ils s'affirment de plus en plus autonomes dans leurs choix et moins alignés sur le profil médian des années 1960. La ménagère de moins de 50 ans ne donne plus le « la » : le consommateur se reconnaît de moins en moins dans l'« homme moyen » dont parlait Jean Fourastié cinquante ans plus tôt.

L'intolérance au traitement de masse, aux files d'attente, à l'anonymat et au matraquage publicitaire se développe du même coup, alors que se répand une critique de la société de consommation proche de ce que les sociologues Luc Boltanski et Ève Chiapello ont appelé la « critique artiste » du capitalisme : dans le sillage de Mai 68 et de la demande d'émancipation qui se lève alors, des voix toujours plus nombreuses déplorent l'inauthenticité des relations de marché, le culte de l'artifice, le mépris de l'autonomie des individus, ainsi que les illusions, voire les « dégâts » du progrès[1]. Le consommateur des dernières décennies du XXe siècle veut qu'on lui témoigne de l'attention et des égards : il refuse de plus en plus d'être traité comme l'échantillon d'un grand troupeau,

1. La critique artiste est, avec la critique sociale, l'une des deux grandes modalités de la critique du capitalisme étudiées par Luc Boltanski et Ève Chiapello. Voir Luc Boltanski et Ève Chiapello, *Le Nouvel Esprit du capitalisme*, Paris, Gallimard, 1999.

considéré comme un simple quidam, ou réduit à l'unité de compte d'une masse plus ou moins encline à la dépense.

Du coup, les modèles de consommation se diversifient et se fragmentent à l'approche de la fin du siècle. Le consommateur devient de plus en plus une figure « nomade, volatile, impulsive et furtive[1] ». La société marchande s'efforce de récupérer les critiques montantes de la société de consommation en répondant à « l'intense demande de différenciation et de démassification[2] ». Le secteur de la distribution réagit en essayant de conjuguer la « lutte contre la vie chère » et la différenciation qualitative, et en orientant ses innovations vers la segmentation de l'offre en fonction des styles de vie. Sans aller jusqu'au sur-mesure, les producteurs cherchent à multiplier les options, les gadgets, les modules et les combinaisons permettant de singulariser un produit tout en s'efforçant de continuer à réaliser des économies d'échelle. Si un fabricant de plans de travail pour des cuisines, par exemple, propose quatre matières, six formes et trente couleurs différentes, il existera sept cent vingt combinaisons possibles à son catalogue, suffisamment pour donner à chaque client le sentiment qu'il peut trouver « sa » formule...

Les producteurs cherchent également à renouveler plus fréquemment leur gamme de produits en raccourcissant et en flexibilisant au maximum leurs cycles d'innovation et de production, comme le fait l'entreprise espagnole Zara dans le prêt-à-porter, véritable modèle en la matière au début des

1. Jérôme Monnet et Jean-François Staszak, « Le consommateur ambulant », *Espaces et sociétés*, n° 135, 2008/4, p. 15-25.
2. Luc Boltanski et Ève Chiapello, *Le Nouvel Esprit du capitalisme*, *op. cit.*, p. 533.

années 2000[1]. Enfin, ils se soucient davantage de la qualité du service après-vente (SAV) et soignent la « relation clients ». Tout cela a bien sûr des conséquences en termes d'intensité et de flexibilité du travail dans les entreprises concernées, mais l'individu salarié a désormais des raisons que l'individu consommateur ne connaît plus…

Pourtant le travail de customisation de l'économie post-fordiste ne répond qu'imparfaitement aux nouvelles demandes. Les besoins qu'il s'agit désormais de satisfaire couvrent également une partie du monde des « singularités », c'est-à-dire des produits qui ne sont ni standardisés ni simplement différenciés : spectacles, voyages, musique, bons vins, soins psychologiques, conseil juridique… Tels que les a définis le sociologue Lucien Karpik, ce sont des produits nécessairement incertains quant à leur qualité (qu'est-ce qu'un bon spectacle ? un bon médecin ?), pour lesquels l'ajustement entre l'offre et la demande est complexe et parfois hasardeux (quel est le juste prix d'une séance d'analyse ?), et face auxquels le consommateur a besoin d'aides extérieures (réseaux de recommandation, outils de jugement, etc.)[2]. Ces marchés de la singularité ont toujours existé naturellement, mais avec les évolutions récentes, et notamment la plus grande consommation de services et de biens supérieurs, ils sont de plus en plus sollicités. Ils supposent un consommateur plus

1. Au début des années 2000, Zara se distingue de ses concurrents par la rapidité avec laquelle ses vêtements passent du stade du design à la commercialisation. Les boutiques Zara renouvellent leur offre toutes les deux semaines, avec de nouveaux produits qui arrivent constamment. Voir Suzanne Berger, *Made in monde. Les nouvelles frontières de l'économie mondiale*, Paris, Seuil, 2006.

2. Voir son remarquable ouvrage : Lucien Karpik, *L'Économie des singularités*, Paris, Gallimard, 2007.

averti, mieux équipé, fréquentant les guides touristiques, utilisant les réseaux de recommandation interpersonnelle, s'orientant dans le maquis de l'offre à partir de sources critiques... Autant de domaines où la révolution numérique va agir comme un multiplicateur de compétences.

Cette révolution numérique va en effet accélérer le processus de démassification de la consommation, et ce, très au-delà du monde des produits singuliers. Le développement du e-commerce et des nouvelles pratiques qui l'accompagnent en témoigne. En 1998, houra.fr lance le premier site de vente en ligne, annonçant ce que certains ont qualifié de « troisième modernisation » du commerce après le libre-service et l'hypermarché[1]. Ce secteur a connu depuis une croissance spectaculaire, singulièrement ces dix dernières années[2] du fait d'une extension de l'offre et surtout d'une banalisation de l'achat en ligne : en 2014, près de 35 millions de Français, soit près des deux tiers des consommateurs, ont réalisé des achats sur un site Internet. Les agents économiques ont désormais compris que la transition numérique n'est plus un horizon théorique et lointain, mais un processus en cours qui transforme en profondeur les modalités de l'échange.

Car cette révolution technologique ne consiste pas dans une simple migration du monde physique vers le monde immatériel : elle apporte également de nouveaux outils aux parties à l'échange et modifie leurs rapports. D'une certaine

1. René Péron, *Les Boîtes, les grandes surfaces dans la ville*, Nantes, L'Atalante, 2004.

2. + 13,5 % entre 2012 et 2013, + 11 % entre 2013 et 2014, + 14 % entre 2014 et 2015, selon la Fédération e-commerce et vente à distance (FEVAD).

manière, elle redistribue les cartes du pouvoir sur le marché. Contrairement à une idée reçue, cette redistribution n'agit pas en sens unique, au bénéfice d'une désintermédiation des rapports économiques et des individus, et au détriment du « Big business » et des pouvoirs installés. Si elle met à rude épreuve de nombreux intermédiaires historiques, elle en impose aussi de nouveaux, ne serait-ce que les géants du numérique (les fameux GAFA[1]) qui contrôlent les principaux moteurs de recherche, plateformes et réseaux sociaux, ainsi qu'une partie du *hardware*.

Les technologies numériques offrent en outre aux producteurs et aux distributeurs des instruments très performants pour mieux appréhender les attentes de leurs clients et personnaliser encore davantage leur offre. Le « Big data », c'est-à-dire l'analyse des énormes flux de données générés par les utilisateurs et stockés par les plateformes, sites, applications et objets connectés, permet en effet de suivre précisément l'évolution des comportements des consommateurs, de leurs préférences, voire de leur opinion sur les produits et services qu'ils ont achetés, au risque parfois de franchir les frontières de leur vie privée. Conjuguées à la possibilité de communiquer directement et régulièrement avec eux, ces nouvelles solutions ouvrent la voie à un « commerce de précision », comme le dit le spécialiste de la consommation Philippe Moati, à mille lieues du commerce de masse d'autrefois. Et la matière n'est pas près de manquer : 90 % des données numériques disponibles en 2013 avaient été produites dans les deux années précédentes…

Loin de le maintenir dans un état de soumission, la révolution numérique apporte cependant plus encore au consommateur.

1. Acronyme de Google Apple Facebook Amazon.

Elle accroît son autonomie en lui offrant de puissants outils d'exploration, d'expertise, d'expression et de participation. Ces instruments lui permettent notamment de comparer rapidement les prix, de court-circuiter certains intermédiaires, d'échanger avec ses pairs des avis ou des avertissements, de faire ou de défaire la réputation d'un produit, de vendre ou d'acheter en confiance avec d'autres particuliers.

La résistance apparente de l'économie de hit-parade et de diverses formes de « *winner-takes-all-market* », notamment dans le secteur des biens culturels, semble bien sûr plaider pour une lecture plus nuancée de cette émancipation du consommateur par le numérique, à l'inverse de ce qu'annonçait la « théorie de la longue traîne », inspirée par Chris Anderson au milieu des années 2000[1]. Cette théorie prétendait en effet que le développement du commerce en ligne et des moteurs de recherche permettrait de rompre avec des marchés entièrement structurés autour des produits les plus populaires, en rendant plus visibles et plus accessibles les produits moins populaires et moins « marketés ». On crut ainsi que, avec le développement conjugué des librairies en ligne et des *e-books*, les petits éditeurs et les titres moins visibles auraient enfin leur chance ; que l'avènement de la vidéo à la demande tordrait le cou aux *blockbusters* ; bref, qu'on allait passer d'un monde où l'on ne se voit offrir que ce que « poussent » les distributeurs et ce qui figure au top des palmarès, à un monde où l'on trouve à la fois ce que l'on cherche, ce que l'on ne cherchait pas – et même ce dont on ne soupçonnait pas l'existence.

En réalité, cette consommation plus dispersée n'a pas vu le jour, et certainement pas dans les secteurs où elle était le plus

1. Chris Anderson, « The Long Tail », *Wired*, octobre 2004.

attendue, comme le secteur des biens culturels. « L'effet longue traîne est si faible qu'il ne peut entraîner aucune modification du marché et n'a pas d'impact sur la diversité culturelle », résumait récemment Daniel Kaplan[1]. Selon l'économiste britannique Will Page, sur 13 millions de titres de musique disponibles au téléchargement, 10 millions n'enregistrent aucune vente et 3 % du total concentrent 80 % du chiffre d'affaires[2]. L'augmentation de la diversité proposée ou accessible par les sites en ligne ne s'est donc pas accompagnée d'une augmentation sensible de la diversité consommée.

Mais ce maintien apparent de l'économie de hit-parade cache en réalité une mutation des canaux de prescription qui est loin de consolider le pouvoir des majors. L'extension d'Internet, notamment à partir du Web 2.0, a entraîné une perte d'influence des grands médias[3], une difficulté croissante à fédérer des audiences de masse autour de rendez-vous réguliers et une dispersion progressive du public en une multitude de groupes d'affinité[4]. La recommandation d'un produit passe de plus en plus par les cercles de connaissances et les relations interpersonnelles, redonnant aux consommateurs une place prépondérante dans l'orientation des tendances du marché. Ce bouche-à-oreille démultiplié par les réseaux fait autant, voire davantage pour le succès (ou l'échec) d'un produit que les vastes campagnes publicitaires d'autrefois.

1. http://www.internetactu.net/2009/01/22/que-faire-de-la-longue-traine/

2. Et 40 titres (soit 0,0 003 % de l'offre disponible) agrègent 8 % des ventes. http://www.telco2.net/blog/2008/11/exclusive_interview_will_page.html.

3. Voir *infra*, chapitre XI.

4. Voir à ce sujet l'essai assez visionnaire de Jean-Louis Missika, *La Fin de la télévision*, Paris, Seuil, « La République des idées », 2006.

Les consommateurs peuvent ainsi partiellement remettre la main sur les pouvoirs de prescription qu'avaient confisqués les majors et les grands médias traditionnels. La distribution des ventes entre les œuvres proposées est toujours aussi outrageusement inégalitaire, mais elle résulte davantage de l'addition des choix des consommateurs que de la seule impulsion des distributeurs. Ils peuvent même, par la combinaison de leurs suffrages et des algorithmes qui les valorisent, faire accéder à la notoriété des artistes totalement novices et amateurs qui passent en quelques semaines de l'anonymat à la lumière, comme le montre le succès spectaculaire de certains « Youtubers », court-circuitant ainsi toute la chaîne des intermédiaires traditionnels.

Du coup, les entreprises courent désespérément après le WOM (« Word of mouth » ou bouche-à-oreille) et cherchent à identifier les « influenceurs » à partir desquels elles pourront pénétrer dans les réseaux de relations interpersonnelles et développer un « marketing viral ». Ces stratégies, souvent tâtonnantes, sont la signature de la montée en puissance du consommateur connecté.

Ce mouvement de démassification se traduit également par une transformation de l'espace-temps de la consommation. L'image de foules urbaines se donnant rendez-vous pour faire leurs courses aux mêmes heures dans les mêmes magasins risque de se dissiper peu à peu. Le développement du commerce mobile (ou « m-commerce ») accouche d'une ubiquité potentielle du consommateur qui peut acheter à peu près n'importe quoi depuis n'importe où à n'importe quel moment. Il peut ainsi s'émanciper au moins partiellement de son environnement immédiat et des différentes formes de « captivités » géographiques dans lesquelles il était pris jusque-là. Les zones de chalandise qui organisaient naguère les stratégies commerciales pourraient s'en trouver bouleversées.

Du fait de ce même mouvement, ce sont de moins en moins les consommateurs qui vont vers les produits, et de plus en plus les produits qui viennent vers les consommateurs. Le secteur de la livraison à domicile croît ainsi considérablement et posera bientôt des problèmes inédits en termes de logistique urbaine. Les métropoles sont déjà envahies de camionnettes à moitié vides qui livrent des particuliers à leur domicile. À tel point que des groupes comme Amazon ont mis en place des projets d'ubérisation de la logistique marchande dans les villes : plutôt que de payer des livreurs salariés, pourquoi ne pas proposer à tout un chacun de livrer un ou deux colis contre dédommagement à l'occasion de ses déplacements dans la ville ?

Ce nouveau type de consommation dérègle également les horloges traditionnelles du commerce de masse : Internet ne ferme jamais, pas même le dimanche ! Si l'on veut être capable de livrer dans l'heure le consommateur, il faut être prêt à faire travailler les outils logistiques et leurs professionnels à tout moment – et singulièrement quand il le décide. Des contraintes auxquelles l'écosystème réglementaire de la société salariale n'était pas préparé.

L'avènement de la révolution numérique marque ainsi une sortie de l'âge des masses. Non seulement celle-ci pousse producteurs et distributeurs encore plus loin dans la recherche de la personnalisation – et peut-être même, demain, de l'individualisation avec l'impression 3D. Mais elle donne aux consommateurs les moyens d'être plus actifs et d'entrer de plain-pied dans l'« âge de la multitude[1] ».

Telle que la décrivent aujourd'hui les théoriciens de la transition numérique, cette ère nouvelle peut être le début d'une sortie radicale du champ gravitationnel des masses. Elle se caractérise par la recherche de services personnalisés et par le triomphe de l'usage final sur l'offre standardisée de la société et de l'économie fordistes[2]. Ses théoriciens voient, dans l'avènement d'Internet et des réseaux sociaux, la fin de la domination des médias de masse par lesquels transitait jusqu'ici l'essentiel de l'information et de la publicité. Avec ces technologies qui décentralisent le jeu des interactions marchandes, le consommateur docile et conditionné pourrait bientôt laisser la place au collaborateur en réseau, jubilant du pouvoir qui lui est donné de contourner les potentats d'hier et de faire primer les liens sociaux entre pairs, fluides et horizontaux, sur la verticalité aliénante du monde ancien.

Si le consommateur est plus que jamais placé sous l'œil scrutateur de puissantes machines qui guettent ses moindres inclinations, s'il demeure la cible de vastes campagnes de communication, c'est désormais une cible mobile et singularisée. S'il continue de plébisciter les mêmes produits dans certains secteurs, comme c'est le cas dans le domaine de la musique, il peut les rechercher sous des formes différentes (achat en ligne, streaming...) et surtout prendre une part plus déterminante à leur succès en faisant reculer tendanciellement les voies ordinaires de la prescription. Au temps des masses,

1. Nicolas Colin et Henri Verdier, *L'Âge de la multitude. Entreprendre et gouverner après la révolution numérique*, Paris, Armand Colin, 2012.
2. Nicolas Colin, *La Richesse des nations...*, *op. cit.*

Galbraith pouvait affirmer que ce sont les grandes entreprises qui imposent les produits au consommateur au moyen du marketing, de la publicité et des politiques de prix ; au temps de la multitude, il est beaucoup plus difficile de situer précisément l'épicentre du pouvoir. Le succès ou l'insuccès d'un produit résultent désormais en grande partie de la somme des choix des individus, de leurs usages, de leurs interactions, voire de leurs collaborations. La multitude est cette force agissante et changeante, qui n'a ni centre ni visage, et avec laquelle producteurs et distributeurs doivent à présent compter et même rechercher une « alliance[1] ».

Déliée des potentats de l'économie de masse et entretenant des relations frondeuses avec toutes les formes de pouvoir et de limitation des libertés, cette multitude numérique ne témoigne pas d'une régression joyeuse vers le désordre et l'état de nature[2]. Elle se rapproche bien davantage du rêve libéral d'échanges et d'interactions qui n'ont pas besoin de la tutelle d'une quelconque autorité pour se réguler pacifiquement et

1. C'est même, selon Nicolas Colin, la condition de leur développement futur. Voir Nicolas Colin, *La Richesse des nations...*, *op. cit.*

2. Dans la philosophie politique du XVIIe siècle, et en particulier celle de Hobbes, la multitude désigne le grand nombre chaotique tel qu'il préexiste à l'ordre civil, par opposition au Peuple du contrat social, siège d'un État souverain. L'*état de multitude* caractériserait ainsi la situation d'une population n'ayant pas encore accédé à un minimum de cohésion et de cohérence, une agrégation informe en attente d'un Léviathan pour dompter les excès de l'état de nature en demandant à chacun d'abandonner une part de sa liberté naturelle en échange d'une protection plus grande de ses intérêts vitaux. Faire l'apologie de la multitude, ce serait alors faire l'éloge du nombre à nouveau libéré de toute ordination hiérarchique, de toute institution de l'autorité souveraine. Le « retour de la multitude » signifierait la sortie du régime d'obéissance plus ou moins consentie, censé caractériser la politique moderne.

constituer de la sorte l'espace d'une société civile autonome vivant sa vie en marge des autorités traditionnelles[1]. Le « doux commerce des hommes » dont parlait Montesquieu trouverait ainsi dans les technologies numériques et leur déploiement à grande échelle une spectaculaire extension.

Au-delà des spéculations théoriques nombreuses qui animent le champ des réflexions sur l'avenir de la consommation et des rapports de force entre offre et demande, il ne fait aucun doute que le mouvement de démassification entamé depuis les années 1980 a profondément transformé les pratiques et fait reculer certains des symboles les plus forts de la « société de consommation ». C'est notamment le cas des hypermarchés. Les années 2000 sont en effet marquées par l'érosion progressive de leur part de marché, notamment dans la vente de produits alimentaires : selon l'Insee, elle est passée de 35 % en 1999 à 32 % dix ans plus tard, et elle semble appelée à poursuivre sa trajectoire. La course à la taille fonctionne de moins en moins : les supermarchés, de taille plus réduite, s'en sortent mieux que les hypers[2]. Les grandes enseignes de la distribution essaient d'ailleurs presque toutes de redéployer des surfaces plus modestes au cœur des villes, dans les quartiers, de reconstruire une offre de proximité en même temps qu'elles perfectionnent leurs infrastructures de vente à distance. Simultanément, la vacance commerciale progresse. Il n'est plus rare de découvrir à l'entrée de villes moyennes des carcasses de magasins désaffectés, entourées

1. Voir aussi Pierre Rosanvallon, *Le Capitalisme utopique...*, *op. cit.*, Introduction.

2. Olympe Tarteret et Hugo Hanne, « Grande distribution et croissance économique en France », Note de la DGCCRF, décembre 2012.

de parking abandonnés sur lesquels rouillent quelques Caddie vides.

Une autre victime des métamorphoses en cours pourrait bien être la voiture. Si un objet a incarné l'imaginaire de la société de consommation des Trente Glorieuses, c'est bien elle. En elle se nouaient en effet toutes les dimensions du modèle de développement qui a prévalu dans la seconde moitié du XXe siècle : celle d'une organisation industrielle qui redistribue à ses salariés une grande part de ses gains de productivité, faisant de chacun d'eux un client potentiel pour ses produits ; celle d'une économie qui exploite sans compter des ressources naturelles bon marché, à commencer par le pétrole, et se soucie assez peu des dégradations qu'elle inflige à l'environnement ; celle d'une culture qui célèbre la liberté individuelle et voit dans les moyens de locomotion privés à la fois la réalisation d'un idéal d'autonomie et un marqueur du statut social ; celle d'un territoire entièrement vascularisé par son réseau de routes, de stations-service et de garagistes ; celle d'une société prête à développer une multitude de biens (de la carte routière à l'autoradio) et de services (assurances, crédits, etc.) autour de la voiture ; celle, enfin, d'une organisation commerciale où l'on va faire ses courses en voiture. Au final, l'automobile est beaucoup plus qu'un symbole ou même qu'une économie : c'est le cœur d'une civilisation dont les éléments constitutifs survivent encore assez largement aujourd'hui.

Alors même qu'elle se diffuse dans les pays émergents, cette civilisation donne de premiers signes de faiblesse dans les pays développés. Non seulement parce que ceux-ci ont atteint des niveaux d'équipement en automobiles proches de la saturation, mais aussi et surtout parce que l'imaginaire de l'autonomie passe de moins en moins par l'idée qu'un homme libre est un homme qui possède une voiture.

Non seulement le modèle de la voiture individuelle, marqueur de la position sociale de son propriétaire, est en passe de faire place à d'autres solutions de mobilité, nous y reviendrons, mais la liberté se loge de plus en plus dans d'autres objets. À commencer par les outils de communication permettant d'être, partout et à tout moment, connecté avec le reste du monde. Apple vient de révéler que plus d'un milliard d'iPhones ont été vendus de par le monde depuis la création de l'appareil. C'est ainsi que le smartphone occupe une dimension statutaire comparable à celle de l'automobile il y a une trentaine d'années [1]. Il procure l'ubiquité. Il permet de faire ses courses, d'être à tout moment présent aux autres, de partir à la découverte du monde. Il est l'outil et le symbole d'une liberté nouvelle.

1. En 1960, 0,1 % des dépenses de consommation des ménages sont consacrés aux produits des technologies de l'information et de la communication (à l'époque, essentiellement le téléphone). En 2014, ce chiffre atteignait 4,3 %. Aucun autre poste de dépense n'a connu dans le même temps une si forte augmentation.

VIII

Le consommateur critique

La démassification a donné au consommateur les moyens de reconquérir une partie de sa liberté, de ne plus être une « cible » passive du marketing et de la publicité, et de se comporter davantage en acteur de la relation d'échange. Des outils nouveaux ont été mis à sa disposition, en particulier par la révolution numérique. Mais, au-delà des spéculations théoriques sur l'évolution des formes du commerce et de l'économie à l'âge de la multitude, que fait-il de cette liberté en pratique ? La résistance opposée aux « pouvoirs économiques » est-elle le fait d'un petit groupe de consommateurs particulièrement motivés ou bien une tendance plus largement partagée ?

Une chose est sûre : le consommateur contemporain est de plus en plus souvent un être de mauvaise humeur, et cet état d'esprit est loin d'être le fait d'une minorité. Les plaisirs qui étaient les siens il y a encore une trentaine d'années se sont progressivement évanouis. Les rituels attachés à la société de consommation sont ainsi en voie de désaffection. Selon un sondage Ifop de 2012, près de deux Français sur trois voient désormais les courses en grande surface comme une « corvée ». L'idée de passer son samedi après-midi à pousser un Caddie dans des hangars climatisés et à remplir à ras bord le coffre de sa voiture ne séduit plus. En 1993, selon le Crédoc, moins de 30 % des consommateurs vivaient la consommation comme une contrainte : ils étaient plus de 42 % en 2008. La quête de l'épanouissement par la dépense laisse peu à peu la place au sentiment de la simple nécessité pratique. La libido consumériste s'est manifestement émoussée.

Plus généralement, la production de masse de biens standardisés est l'objet d'une défiance croissante. On prête aux producteurs et au « Big business » des intentions toujours plus retorses, une indifférence cynique aux intérêts des individus comme de la collectivité et de l'environnement. Selon l'Observatoire société et consommation, plus de huit Français sur dix pensent que les producteurs pratiquent ainsi l'« obsolescence programmée », autrement dit, qu'ils fabriquent délibérément des biens destinés à tomber en panne ou à se détériorer dans un délai relativement court afin d'obliger le consommateur à les remplacer rapidement.

La même méfiance se porte sur les prix. Selon la même source, 73 % des consommateurs pensent que le prix des produits a été artificiellement gonflé en prévision des soldes et que ceux-ci dévoilent leur valeur véritable. Pour eux, les prix affichés en début de saison sont de plus en plus destinés aux revenus aisés, à ceux qui peuvent se permettre de ne pas compter – ou encore à ceux qui « se font avoir ». On souligne souvent la défiance des Français à l'égard des institutions publiques et de la classe politique, mais elle touche aussi largement les grands acteurs économiques.

Autre institution de la société de consommation atteinte par la défiance : la publicité. Elle est aujourd'hui la source d'une irritation grandissante de la part du consommateur contemporain. Les charges de Galbraith et les critiques de la sociologie situationniste, qui faisaient florès dans les milieux intellectuels des années 1970, laissaient de marbre la grande masse des consommateurs. C'est pour ainsi dire l'inverse aujourd'hui : elles semblent avoir été intériorisées par l'opinion à mesure qu'elles se faisaient plus discrètes sur la scène intellectuelle. Derrière la publicité, les consommateurs voient manipulations et manœuvres sinon tromperies, des stratégies visant à susciter des besoins inexistants ou des désirs inutiles en contournant les barrières du libre arbitre. Soit non seulement un parasitage permanent de l'attention et du regard, mais une sorte d'insulte à l'intelligence d'un sujet de plus en plus informé et disposant de moyens toujours plus performants pour comprendre et comparer. Un slogan récent des mouvements « antipub » résume ce sentiment : « Je consomme. Tu consommes. Nous sommes cons. »

Les mouvements « antipub » ont en effet exploité ce registre depuis une dizaine d'années avec un certain succès, contestant également la marchandisation généralisée de l'espace urbain et mettant en exergue les dégâts environnementaux de la publicité et le renchérissement des prix qui en résulte[1]. « Casseurs de pub », « Résistance à l'agression publicitaire » (RAP), collectif des « Déboulonneurs volontaires », « Brigades antipubs » (BAP), « Église de la Très Sainte Consommation »..., tous ces mouvements ont repris sur un mode militant, pour ne pas dire combattant, la rhétorique de la manipulation qui avait été forgée dans les années 1970 : « La publicité pollue, agresse,

1. Sur ce sujet, voir Sophie Dubuisson-Quellier et Julien Barrier, « Protester contre le marché : du geste individuel à l'action collective », *Revue française de science politique*, 2007/2, vol. 57, p. 209-237.

trompe, manipule, aliène, conditionne, braille, pervertit le langage, rend les enfants obèses, tue », lisait-on dès 1991 sous la plume d'Yvan Gradis, l'un des fondateurs de RAP[1]. Et de conclure : « Tout cela au nom de la raison d'Argent. » Ces nouveaux croisés de la « désaliénation » en appellent à une « légitime défense » de tous les jours, inscrite dans des gestes de résistance individuelle (autocollants, graffitis, etc.).

Mais l'opinion publique n'a guère besoin des activistes pour se détourner de la publicité. Un sondage TNS Sofres réalisé en 2013 révélait la dégradation rapide de l'opinion à ce sujet : seuls 39 % des sondés considèrent que la publicité est respectueuse des consommateurs ; 79 % la trouvent « envahissante » ; 85 % jugent qu'il y en a trop. Au total, les « publiphiles » sont passés de 20 % en 2004 à 14 % en 2013, tandis que les « publiphobes » passaient, eux, de 25 % à 33 %.

On peut d'ailleurs prendre ses distances avec la publicité sans revendication ni pancartes, dans le silence d'un tête-à-tête avec son écran, en téléchargeant un *ad-blocker*, c'est-à-dire un logiciel permettant de bloquer l'affichage des publicités sur les sites Web. Le succès de ces dispositifs technologiques commence à inquiéter les annonceurs. Selon une enquête récente, 30 % des internautes seraient équipés de ce type de logiciel. Le manque à gagner pour le monde publicitaire aurait frisé les 22 milliards d'euros en 2015 à l'échelle du monde[2]. Devant ce genre de développements, il est finalement difficile de tracer la frontière entre la « légitime défense » revendiquée par les militants et la résistance tranquille de ces

1. *Le Publiphobe*, 5 février 1991.
2. Voir « Internet : haro sur la publicité », *Le Monde*, 1er mars 2016.

réfractaires anonymes, silencieux, mais dotés de la puissance redoutable du nombre.

Qu'ils concernent l'obsolescence programmée, les prix ou la publicité, les chiffres racontent tous le même phénomène : de nombreux consommateurs sont persuadés que le marché ordinaire et les puissances économiques les trompent. « Pigeons », « poires », « dindons de la farce »… : les expressions ne manquent pas pour qualifier le consommateur méprisé et berné. Le marché n'est pas perçu ici comme une scène froide sur laquelle chacun chercherait à optimiser son profit, mais comme un vaste domaine de chasse, semé d'appâts et de collets, où le commerçant occupe la place du prédateur et le client celle du gibier.

En période de crise et de pouvoir d'achat fléchissant, cette vision des échanges pousse un nombre croissant de consommateurs à chercher d'autres façons de consommer, à traquer les bonnes affaires sur des marchés secondaires comme les produits d'occasion, ou à regarder avec sympathie des systèmes d'échange largement désintermédiés (circuits courts, systèmes d'échanges locaux…), mais aussi toute la gamme du commerce éthique ou équitable.

Cette dynamique du soupçon et cette quête d'alternatives ne sont plus le lot d'un réduit d'activistes déterminés à déclarer la guerre à la marchandisation généralisée des rapports sociaux et à croiser le fer avec les puissances de l'argent. Les enquêtes s'accumulent pour montrer que cette humeur critique déborde aujourd'hui largement les milieux militants. Ainsi, selon une étude menée par la société de services en développement durable Greenflex et l'Agence de l'environnement et de la maîtrise de l'énergie (Ademe)[1], 50,5 % des personnes interrogées veulent « consommer autrement », en l'occurrence des produits « éco-labellisés », certifiés éthiques, locaux, moins polluants, et plus seulement « éviter le superflu » (32 %) ou réduire leur consommation en général (16 %).

Des comportements hier encore jugés avant-gardistes se répandent à grande vitesse dans la population. Selon le spécialiste de la consommation Philippe Moati, en 2015, sept Français sur dix ont déjà acheté ou vendu des produits d'occasion, un sur trois a déjà pratiqué le covoiturage, un sur quatre la location de logement entre particuliers. Plus de 70 % d'entre eux ont déjà eu une expérience collaborative à travers des plateformes comme Blablacar, Airbnb, Drivy, Le bon coin[2]... En outre, selon Émilie Dandey et Sandra Hoibian, en 2014, 22 % des Français ont déjà contribué aux contenus édités sur le Web via des commentaires ou la participation à des forums de discussion ; 32 % disent avoir profité de ces informations ; et 75 % ont déjà acheté un bien sur une plateforme de vente entre particuliers[3]...

Il serait très exagéré de considérer chacun de ces comportements comme une affirmation d'ordre idéologique ou comme l'expression d'une contestation formalisée. Mais ils ne relèvent pas non plus d'un simple souci d'économie :

1. Greenflex, « Étude Ethicity 2016 : les Français et la consommation responsable », 2016, voir http://www.greenflex.com/etudes/consommation-responsable/ ; voir aussi la recension publiée dans *La Tribune* du 30 mai 2016.

2. Philippe Moati, « Derrière l'économie du partage, la défiance du consommateur », *Le Monde économie*, 13 janvier 2016.

3. Émilie Dandey, Sandra Hoibian, *La Société collaborative. Mythes et réalités*, Paris, Crédoc, décembre 2014.

si le niveau de vie des Français s'est effectivement tassé entre 2007 et 2013, les poussant à rechercher de bonnes affaires à moindre coût, les succès de l'économie collaborative tiennent aussi au fait que les pratiques concernées proposent une expérience perçue comme riche et sincère. Comme le rappelle Philippe Moati, 91 % des sondés « ont l'impression d'avoir bien agi en participant à l'économie du partage ».

Ce secteur dont les contours sont parfois difficiles à délimiter procure à des consommateurs las des pratiques anciennes le sentiment que leurs échanges sont reversés dans un ordre qui échappe aux eaux glacées de la marchandise et du profit. Dans cet ordre nouveau, l'échange s'accompagne de rencontres directes et de liens sociaux susceptibles de corriger la pauvreté symbolique des transactions commerciales habituelles. « On cherche dans ces nouvelles formes de consommation non seulement à satisfaire des besoins au moindre coût, mais aussi à pallier la pauvreté sociale et relationnelle de la société de consommation d'hier et à œuvrer à un monde meilleur, plus vertueux, plus durable », résume Philippe Moati.

Dans cet ordre nouveau, l'échange tend également à s'émanciper de la propriété comme finalité pratique de l'acte d'achat : de plus en plus, l'usage des biens l'emporte sur leur possession. Le développement de l'économie de fonctionnalité, de la « deuxième main », de la revente, du recyclage manifeste la volonté croissante de valoriser l'utilité des biens échangés plutôt que les biens eux-mêmes ou leurs bénéfices statutaires… L'idée que le statut social des individus dépend de leur capacité d'acquisition de produits neufs sur le marché est en train de faiblir.

Ainsi, pour toute une série de publics, posséder « sa » voiture n'est plus un enjeu. On préfère d'autres formules : le covoiturage avec des opérateurs comme Blablacar, particulièrement populaire chez les plus jeunes ; la location de très courte durée dans les métropoles avec des expériences du type Autolib ; la location de véhicules entre particuliers avec des opérateurs comme Drivy[1]... La liberté se cherche dans l'usage et la disponibilité à tout moment d'un véhicule plus que dans sa possession et les servitudes qu'elle impose.

Et même parmi ceux qui préfèrent continuer à acheter leur véhicule, certains privilégient son caractère fonctionnel. C'est l'une des clés du développement du *low cost* dans ce secteur comme dans d'autres. Là encore, le succès n'est pas seulement affaire de prix. Le *low cost* a d'ailleurs pris son essor avant la crise, entre 1998 et 2001, dans une parenthèse d'assez forte croissance. Si le désir d'acheter le minimum ou l'essentiel (la voiture moins les gadgets...) touche des catégories sociales moyennes et non seulement des catégories modestes, c'est parce que, pour un nombre croissant d'individus, certaines dépenses se sont dépouillées de leur dimension statutaire et du fétichisme qui animait la société de consommation telle que la décrivaient les intellectuels critiques des années 1970.

Rejet de la publicité, pratique des marchés secondaires, expérience du partage et de l'économie collaborative, valorisation de la fonctionnalité et de l'usage... Tels sont quelques-uns des répertoires privilégiés du consommateur

1. Des industriels historiques du secteur automobile commencent d'ailleurs à investir dans ce domaine. C'est le cas du groupe PSA qui a investi récemment dans la société de location de véhicules entre particuliers Koolicar.

critique que l'on voit s'affirmer aujourd'hui. Plus distant à l'égard des stratégies marketing et des marques, méfiant à l'égard de la grande distribution accusée de faire le malheur des petits producteurs, plus soucieux de considérations écologiques, ce consommateur n'est peut-être pas le roi de la scène, mais il refuse désormais catégoriquement d'en être l'esclave ou la victime.

Décrit comme plus expert et plus exigeant, il n'hésite plus à « se faire respecter ». Ainsi, selon une étude récente, 42 % des consommateurs déclarent avoir déjà retourné un produit acheté en ligne en raison d'une erreur dans son descriptif ; plus de la moitié des consommateurs déclarent être très peu susceptibles de renouveler leur confiance à un marchand leur ayant fourni des informations erronées sur un produit ; et 51 % privilégient les circuits les plus courts en jugeant que les sites des fabricants sont les plus fiables (17 % seulement considèrent que les sites des revendeurs sont dignes de confiance dans la description qu'ils donnent des produits proposés à la vente)[1].

En matière alimentaire, ces consommateurs critiques sont habités par le souvenir des crises sanitaires qui ont émaillé l'actualité de ces dernières années (« vache folle », grippe aviaire, etc.)[2]. Les plus informés d'entre eux ont une conscience plus aiguë des conditions et des modes de production, du traitement des animaux dans les abattoirs, du recours au travail des enfants chez les sous-traitants étrangers.

1. *The Shotfarm Product Information Report*, voir http://www.frenchweb.fr/e-commerce-10-chiffres-qui-montrent-limportance-dune-bonne-strategie-de-contenu/245300#a8RZyDPoVYU1dvSi.99.

2. Isabelle Doussan, « Consommation et environnement », *Revue juridique de l'environnement*, n° 4, 2005, p. 389-404.

Ils sont prêts à mobiliser tous les leviers réputationnels mis au jour par les Organisations non gouvernementales dans les années 1990 (notamment le « *naming and shaming* ») et par les entrepreneurs de vertu[1]. Et ils glorifient les lanceurs d'alerte qui, de l'intérieur des entreprises, dévoilent la réalité des pratiques de production.

Les consommateurs critiques renouvellent également les registres d'action de défense du consommateur. Celle-ci épousait jusqu'ici les formes et le plaidoyer des mouvements consuméristes qui tendaient à considérer les acheteurs, pour l'essentiel, comme des sujets en état d'infériorité, pour ne pas dire de minorité. Comme le salarié à la relation d'emploi, le consommateur était considéré comme la partie faible à la relation d'échange. Un dominé qu'il fallait éduquer et armer d'informations et de droits pour l'aider à s'orienter : éduquer ses comportements en matière d'hygiène, de santé ou d'alimentation ; l'informer, comme le fait l'UFC-Que choisir, pour élargir sa conscience des enjeux, des risques et des ruses de l'offre ; créer des droits pour lui donner la capacité de tenir la dragée haute aux entreprises et aux puissances commerciales. Les répertoires d'interventions ainsi mobilisés reposaient majoritairement sur l'idée d'une orthopédie du consommateur.

Ce type d'actions n'a nullement périclité, mais il est accompagné, voire précédé aujourd'hui par un large éventail de gestes et d'initiatives d'autodéfense au quotidien. Ce registre n'épouse plus nécessairement les formes de

1. Voir Marc-Olivier Padis et Thierry Pech, *Les Multinationales du cœur. Les ONG, la politique et le marché*, Paris, Seuil, « La République des idées », 2003.

mouvements sociaux organisés : il n'a parfois plus besoin de l'infrastructure d'un collectif d'affiliations formalisées. Les outils technologiques et la souplesse des statuts d'activité permettent même aux consommateurs les plus motivés, non plus seulement de se défendre, mais d'agir directement sur les formes de l'échange marchand. Les plateformes collaboratives n'ont pas seulement démultiplié les possibilités d'échanges directs entre pairs et permis aux consommateurs d'unir plus efficacement leurs forces. Elles leur ont donné la possibilité de modifier l'offre elle-même et de redessiner les frontières entre producteurs et consommateurs, comme le montrent les pratiques de covoiturage ou des expériences comme La Ruche Qui Dit Oui ! [1], un réseau de distribution de produits agricoles qui entend redonner le pouvoir aux petits producteurs. Dans un esprit d'autonomie qui rappelle celui des coopératives de consommation du XIXe siècle [2], ce mouvement distribue beaucoup plus largement que par le passé la possibilité pour chacun de passer « de l'autre côté du comptoir » en renversant les termes de la relation d'échange : les pratiques de partage, d'entraide, de prêt, de

1. La Ruche Qui Dit Oui ! est une plateforme autour de laquelle s'est constitué un réseau permettant d'organiser des distributions hebdomadaires de produits agricoles avec deux seuls intermédiaires : la plateforme et le responsable du point de dépôt. Plus de 4 000 producteurs alimentent ainsi 750 points de dépôt (ou « ruches »), qui servent plus de 100 000 commandes. Dans ce système, le producteur retrouve la maîtrise des prix, mais aussi des produits qu'il propose à la vente. Il n'est prisonnier d'aucun contrat-cadre avec un distributeur ou un grossiste intéressés par un seul produit.

2. Les coopératives de consommation du XIXe siècle avaient vocation, dans le sillage des réflexions de Charles Gide, à sceller des solidarités de classe et à procurer aux consommateurs ainsi réunis un meilleur pouvoir de négociation sur le marché.

revente et de troc mettent les participants alternativement en situation de consommateurs et de vendeurs. Et ce sans qu'ils aient besoin de se rassembler et de se structurer de manière pérenne dans des organisations formalisées : le militantisme « alternativiste » traditionnellement regroupé à l'ombre des organisations de l'Économie sociale et solidaire (ESS) est lui-même bousculé dans ses formes par le monde extrêmement liquide des réseaux et des plateformes numériques où se réinventent un mutualisme sans mutuelles, un esprit coopératif sans coopératives, et un associationnisme sans associations. Son assiette sociale s'élargit à mesure que sa consistance institutionnelle se dissout.

Se développe ainsi ce que l'on pourrait appeler une « contre-consommation » qui reprend certaines des propriétés de la « contre-démocratie » décrite par Pierre Rosanvallon, et notamment certaines de ses fonctions de surveillance (vigilance, dénonciation, notation) et de censure (dissidence, rébellion...)[1]. Il s'agit bien sûr ici de manifester de la défiance, mais en lui donnant une forme à la fois intégrée aux échanges et irréductible au simple jeu du marché. Sans pouvoir prétendre à une forme quelconque de virginité ou d'extériorité au monde social, cette « multitude » est bien productrice de relations sociales alternatives qui mettent à l'épreuve les relations de marché traditionnelles et renouvellent même la construction de la confiance entre pairs par le « profil » de chacun, la réputation, les notes, au moment où la confiance dans les marques et les grandes entreprises tend précisément à s'éroder.

1. Pierre Rosanvallon, *La Contre-Démocratie. La politique à l'âge de la défiance*, Paris, Seuil, 2006.

La sociologie, qui aura si longtemps scruté les stratégies par lesquelles les puissances économiques influencent et même conditionnent le consommateur, va devoir à présent se pencher sur la relation inverse et se demander dans quelle mesure le consommateur peut orienter et contrôler le jeu du marché. En tout cas, au moment même où toute une littérature déplore la transformation du citoyen en *consommateur politique*, l'idée que le consommateur contemporain se fait de lui-même se rapproche de plus en plus de celle du citoyen vigilant.

TROISIÈME PARTIE

La radicalisation du citoyen

IX

La fin de la pacification démocratique

Le pacte social scellé au lendemain de la Seconde Guerre mondiale n'a pas seulement apporté la sécurité et ouvert les portes de l'abondance aux classes moyennes et à une large partie des classes populaires. Il a également crédibilisé un modèle de gouvernance et de conduite du changement où l'État tenait le haut bout : « modernisateur », « capitaine d'industries », « instituteur du social » et même « libérateur de l'individu », pour reprendre les mots de Durkheim [1], l'État était alors sur tous les fronts.

Adossé à une nouvelle Constitution – la Ve République – qui a permis de stabiliser la vie politique et de renforcer l'exécutif tout en poussant à la bipartition de l'échiquier, ce modèle, et les progrès dont il pouvait se prévaloir dans de nombreux domaines, a fini par pacifier la vie démocratique en marginalisant progressivement les offres de contestation et les idéologies de rupture. Dans la France de la fin des années 1970 et du début des années 1980, ces forces n'avaient d'ailleurs plus guère d'espace électoral : leur place et leur influence étaient déclinantes, voire résiduelles.

1. Émile Durkheim, *L'État et la société civile*, 1916.

On se prit alors à imaginer une « République du centre », docile et apaisée, bercée au gré des alternances entre centre gauche et centre droit[1] : la fin de l'exceptionnalisme hexagonal semblait proche. Les socialistes eux-mêmes abandonnèrent bientôt le vieux manteau de la lutte des classes et de la critique sociale du capitalisme pour s'envelopper dans la philosophie des droits de l'homme et la recherche du compromis : « Nous venons de vivre, écrit ainsi Jacques Julliard en 1988, un tournant majeur de la pensée de gauche, qui a vu en quelques années la philosophie des droits de l'homme remplacer la critique sociale du capitalisme, la charité se substituer à la justice, l'idéal de l'ascension individuelle l'emporter sur celui de la solidarité, la recherche du consensus succéder à la pratique de la lutte des classes et finalement la vieille idéologie républicaine prendre sa revanche sur la vieille idéologie socialiste[2]. »

L'audience électorale du Parti communiste français, longtemps dominant dans la gauche française, est dépassée par celle du Parti socialiste pour la première fois aux élections cantonales de 1976. Située autour de 20 % tout au long des années 1970, elle s'effondre littéralement entre 1981 et 1988[3]. L'implantation électorale du PCF se rétrécit d'autant plus vite,

1. François Furet, Jacques Julliard, Pierre Rosanvallon, *La République du Centre. La fin de l'exception française*, Paris, Calmann-Lévy, 1988.

2. *Ibid.*, p. 96.

3. Aux élections européennes de 1979, le PCF recueille encore 20,6 % des suffrages exprimés. Au premier tour de la présidentielle de 1981, son candidat Georges Marchais tombe à 15,3 %. Aux européennes de 1984, le vote communiste descend à 11,2 %, talonné par le Front national qui atteint 10,9 %. Aux législatives de 1986, il passe sous les 10 %, et touche véritablement le fond au premier tour de la présidentielle de 1988 où son candidat, André Lajoinie, ne rassemble que 6,7 % des suffrages.

au cours des dernières décennies du siècle, que le nombre des ouvriers de l'industrie décline rapidement. Une partie des organisations liées au mouvement ouvrier abandonnent à leur tour rapidement toute référence à la lutte des classes au profit d'un recentrage sur le « métier syndical ». Bref, la « guerre civile froide » que redoutait le journaliste André Fontaine au lendemain de Mai 68 semble appartenir au passé[1].

Dans le même temps, les forces de la réaction politique et morale qui avaient si longtemps entretenu les nostalgies contre-révolutionnaires et les idées nationalistes semblent condamnées à l'activisme groupusculaire. Le Front national, né en 1972 dans le sillage d'Ordre nouveau pour rassembler les restes épars du poujadisme, du pétainisme, des ultras de l'Algérie française et de quelques mouvements néonazis, oscille entre 1,3 % des suffrages (législatives de 1973) et 0,18 % (législatives de 1981).

Les institutions de la Ve République mises en place en 1958, et complétées en 1962 avec l'élection du président de la République au suffrage universel direct, ont apporté leur contribution à cette mutation du paysage politique. Le culte du scrutin majoritaire à deux tours, dont elles procèdent largement, a certes aiguisé le clivage entre gauche et droite. Mais il a aussi valorisé comme jamais le rassemblement de chacun des deux camps autour de stratégies et de programmes communs, donnant au final à la démocratie française le profil d'une scène bipartite qui laisse peu d'espace aux dissidences et aux mouvements minoritaires.

Bref, au début des années 1980, aux yeux de beaucoup, la démocratie française a doublé le cap des tempêtes, enterrant

1. André Fontaine, *La Guerre civile froide*, Paris, Fayard, 1969.

d'un même élan ses passions révolutionnaires et ses démons réactionnaires. En 1991, l'historien François Furet décrit François Mitterrand comme la figure emblématique de ce dépassement qui n'a pas eu besoin de dire son nom pour s'imposer : « Il gère à petits pas cette France où la gauche n'est plus révolutionnaire et où les catholiques ne sont plus contre-révolutionnaires[1]. » Et même si, à ses yeux, le monde nouveau qui s'ouvre alors « trace un cercle qui limite les audaces de la pensée », ce désenchantement intellectuel n'est que le revers de la pacification politique : « C'est une prison douce où les peuples sont plus heureux », écrit-il, non sans une pointe de mélancolie[2].

Les méandres et les soubresauts de l'histoire politique ont naturellement leur part à ces évolutions, mais ce changement d'époque doit sans doute davantage encore aux transformations sociales. Si l'on cesse alors progressivement de se représenter la société à travers le prisme de la lutte des classes, c'est d'abord parce que la structure des emplois et des catégories socioprofessionnelles a changé. Non seulement le monde des ouvriers d'industrie se rétrécit à mesure que l'économie se tertiarise et que le secteur manufacturier recule en nombre d'emplois, mais de nouvelles classes moyennes salariées se font une place croissante entre le salariat d'exécution et les catégories dominantes : représentant à peine plus de 10 % de la population active en 1930 et un cinquième en 1950, elles atteignent plus du tiers des actifs en 1975. La vieille idée selon laquelle les classes moyennes pourraient jouer un rôle

1. François Furet, *Un itinéraire intellectuel*, Paris, Calmann-Lévy, 1999, p. 159.
2. *Ibid.*, p. 160.

central de stabilisation et de modération de la vie sociale et politique semble alors sur le point de prendre corps[1]. Les classes moyennes méritent enfin leur nom !

Comme l'avait imaginé l'économiste libéral Paul Leroy-Beaulieu cent ans plus tôt, les mutations du capitalisme industriel, loin de réaliser la prophétie marxiste d'un versement des catégories intermédiaires dans le prolétariat, s'accompagnent d'une organisation de plus en plus bureaucratique et administrative de la société qui offre à ces catégories un nombre croissant d'emplois salariés d'un nouveau type[2]. Dans le même temps, la demande croissante

1. L'idée que ces catégories forment un pôle d'équilibre et de stabilité est presque aussi ancienne que l'idée de classes moyennes elle-même. Elle revêt souvent, aux XVIIIe et XIXe siècles, un caractère plus moral que sociologique : pour Montesquieu, qui suit en cela Aristote, elles forment l'espace de la modération et de la sagesse, le juste milieu entre les tentations démagogiques des plus modestes et les tentations oligarchiques des plus riches. Sur ce point, voir Thierry Pech, « Deux cents ans de classes moyennes en France (1789-2010) », *L'Économie politique*, n° 49, janvier 2011, p. 69-97.

2. Paul Leroy-Beaulieu, *Essai sur la répartition des richesses et sur la tendance à une moindre inégalité des conditions*, Paris, Guillaumin et Cie 1881. Le débat porte à l'époque sur les conséquences de la concentration du capital (« l'association de capitaux »). Les marxistes pensent qu'elle aura raison de la petite entreprise, de l'artisanat, du petit commerce et de toutes les formes d'activité des indépendants qui composent alors le gros des classes moyennes. Cette évolution est regardée comme un grand mouvement de désintermédiation. Leroy-Beaulieu est l'un des premiers à comprendre que cette nouvelle organisation va en réalité offrir de nombreuses places à de nouvelles classes moyennes : « L'industrie concentrée et toutes les installations mécaniques créent une quantité de places bureaucratiques qui n'existaient pas autrefois, de sorte que l'on peut dire que la gradation sociale n'en est pas fâcheusement altérée et que la classe moyenne, soit inférieure, soit supérieure, [...] ne se trouve guère diminuée par la concentration industrielle. Elle devient seulement un peu plus bureaucratique, ce qui peut la soumettre à certains assujettissements

d'éducation, de santé, et plus largement de services publics et sociaux, ouvre des perspectives inédites pour les métiers de l'enseignement, du secteur médico-social, du travail social. Autant de leviers de développement pour les professions intermédiaires du public qui vont grossir les rangs des classes moyennes, et par la même occasion l'électorat de la gauche non communiste.

Le sens même du pacte de la société salariale semble alors pouvoir se résumer dans cet espoir de voir grossir indéfiniment le peloton central de la société, et se réduire dans les mêmes proportions les écarts avec les autres catégories, espoir que l'on a parfois résumé sous le terme de « moyennisation » de la société. C'est l'une des idées les plus discutées du sociologue Henri Mendras[1]. Il explique en effet à la fin des années 1980 que le modèle de la pyramide ne peut plus rendre compte de la structure de la société française. Le déclin de la société paysanne suivi de près par celui du monde ouvrier industriel et l'explosion d'une vaste classe moyenne ont eu raison, selon lui, de cette morphologie. C'est le schéma de la toupie qui évoque le mieux à ses yeux la société qui est en train de se former : une maigre élite tout en haut, un petit monde d'exclus tout en bas, et au milieu un vaste « centre » composé aux deux tiers de catégories populaires hétérogènes et, pour un dernier tiers, d'un large corps central alimenté notamment par

---

matériels, mais ce qui n'enlève rien à son indépendance d'esprit. » Sur ces débats, voir Klaus-Peter Sick, « Le concept de classes moyennes. Notion sociologique ou slogan politique ? », *Vingtième Siècle*, vol. 37, janvier-mars 1993, p. 13-33.

1. Henri Mendras, *La Seconde Révolution française (1965-1984)*, Paris, Gallimard, 1988.

l'expansion des personnels d'encadrement et des professions intermédiaires.

C'est dans ce dernier tiers que s'observent les mobilités sociales les plus fortes. Et c'est à lui qu'il revient désormais d'infuser dans l'ensemble d'un corps social ainsi décloisonné les nouveaux modes de vie, les standards d'éducation, les pratiques de consommation, les modèles de carrières salariales ascendantes, les choix d'équipement, les loisirs, les goûts culturels, les préférences collectives, les représentations de l'avenir et du progrès... Une nouvelle constellation salariale, faite de cadres moyens et supérieurs, d'enseignants, d'animateurs culturels, de personnels paramédicaux, d'éducateurs et d'autres professions intermédiaires, se voit attribuer la charge de « tirer » la dynamique sociale.

Pour la première fois sans doute, de « purs salariés ont acquis leurs lettres de bourgeoisie », commente non sans ironie Robert Castel[1]. Poussée par une croissance démographique soutenue et continue, cette « constellation centrale » est en effet le principal foyer de diffusion des valeurs de la modernité, du progrès et du succès. Et cette diffusion est d'autant plus efficace que, dans cette nouvelle société, les modes, les modèles et les mœurs circulent plus facilement dans les deux sens, pense Mendras. Autrement dit, un même mouvement conduit à l'expansion des classes moyennes et au désenclavement des classes populaires.

Cet espoir de rassemblement autour d'un vaste centre de la société marqué par une plus grande fluidité est naturellement en partie illusoire : l'ascenseur social ne fonctionne pas aussi bien qu'une certaine mythologie rétrospective le prétend encore. À

1. Robert Castel, *Les Métamorphoses...*, *op. cit.*, p. 585.

la fin des années 1970, les classes populaires sont encore très loin d'avoir rattrapé leur retard. Comme la marée montante, qui soulève tous les bateaux, la croissance améliore toutes les conditions, mais ne permet pas nécessairement de réduire les écarts relatifs entre les unes et les autres. Les ouvriers et les employés des classes populaires demeurent bien souvent à des niveaux de qualification très faibles, et leurs enfants restent pris pour l'essentiel dans les rudes assignations de la reproduction sociale. Mais tout les invite à caresser cette aspiration, à la nourrir, voire à la chérir. On pense alors avoir de bonnes raisons de croire que, à défaut d'y parvenir soi-même, l'éducation et le mérite placeront ses enfants sur les premières pentes d'une promotion qui avait été largement refusée à leurs prédécesseurs.

Le leadership social qu'ont conquis les classes moyennes de cette époque sous-tend une alliance possible entre ces catégories et une grande partie des classes populaires. Et cette alliance repose fondamentalement sur le partage de la philosophie sociale dont les classes moyennes sont porteuses, qu'elles exportent dans le reste de la société et dont leurs succès augmentent chaque jour la crédibilité.

Cette philosophie peut se décrire comme une aspiration à la promotion sociale dans une société comprise comme un « ensemble fluide » où l'ascension passe pour « le résultat du travail, de l'épargne, du mérite, bref comme la récompense de la vertu », résume l'historien Serge Berstein[1]. Une philosophie individualiste, en somme, qui, en associant la réussite et le progrès des individus aux efforts qu'ils consentent et aux

1. Serge Berstein, « Les classes moyennes devant l'histoire », *Vingtième Siècle*, vol. 37, janvier-mars 1993, p. 3-12.

talents qu'ils manifestent, les éloigne de la croyance selon laquelle les destins sociaux seraient écrits d'avance, figés dans des identités de classe. Du même coup, l'idée de progrès est de moins en moins indexée sur les luttes collectives et la contestation de l'ordre social établi, et de plus en plus sur le mérite individuel et la possibilité d'échapper non seulement aux décrets de la naissance, mais aussi à ceux de la famille. Les principes de la méritocratie républicaine semblent enfin appelés à descendre du ciel des idées pour s'incarner dans les pratiques et les parcours biographiques.

Du point de vue de son rôle politique et historique, cette philosophie sociale peut s'interpréter comme l'antidote aux idéologies de rupture avec le capitalisme et aux tentations réactionnaires. L'expansion des classes moyennes salariées constitue à cet égard la preuve empirique, brandie aux yeux de tous, que le « système » peut être plus juste et plus souple qu'on le croit, et que, correctement régulé, il fera au total plus de gagnants que de perdants.

Pour beaucoup, les consciences de classe ont donc désormais vocation à se diluer dans les rêves de méritocratie et de consommation généralisées. À leurs yeux, la classe ouvrière comme moteur du changement ne sera bientôt plus qu'un souvenir, supplantée dans ce rôle par les nouvelles classes moyennes salariées. L'individualisme consumériste dévorera peu à peu ce qui reste des fantasmes gauchistes et le mouvement d'émancipation collective pourra se reverser tranquillement dans des discours de libération culturelle et morale[1].

1. Mai 1968 en est un moment à la fois décisif et paradoxal sur le chemin de cette pacification idéologique. Enveloppé dans des formes

En 1969, dans *La Société postindustrielle*, le sociologue Alain Touraine soulignait la marginalisation progressive du mouvement ouvrier et l'émergence de nouvelles mobilisations, à commencer par celles des étudiants. Ces mouvements de plus en plus extraprofessionnels (enjeux urbains et locaux, égalité hommes/femmes, écologie, etc.) nourris par les nouvelles classes moyennes étaient l'expression d'un monde social où les rapports de production étaient supposés avoir perdu leur centralité. L'idée même de classe sociale finit par disparaître provisoirement du vocabulaire des sociologues : Louis Chauvel fait ainsi observer à la fin des années 1990 que seul 1 % des thèses de sociologie soutenues à l'Université française durant la décennie écoulée utilisent encore le mot « classe » – et dans un tiers des cas, le mot désigne les classes d'écoles[1] ! Le philosophe Marcel Gauchet est alors l'un des seuls à sortir du rang et à annoncer le retour d'une « oubliée[2] ».

Ces croyances et ces représentations, qui ont fait l'âge d'or de la société salariale et de la société de consommation, entrent en crise à partir des années 1980, entraînant un éclatement progressif des coalitions électorales sur lesquelles les progressistes avaient construit leurs stratégies de conquête

---

contestataires et alimenté par une rhétorique gauchiste, il semble démentir ce processus. En réalité, le mouvement est essentiellement porté par des jeunes issus des classes moyennes supérieures et éduquées ; il échouera d'ailleurs à converger durablement avec le mouvement ouvrier. La réalité est qu'il aura eu surtout pour effet de valoriser et de diffuser dans la population des revendications d'émancipation individuelle et culturelle, beaucoup plus qu'une critique sociale du capitalisme.

1. Louis Chauvel, *Le Destin des générations*, Paris, PUF, 1998, p. 10.
2. Marcel Gauchet, « Les mauvaises surprises d'une oubliée : la lutte des classes », *Le Débat*, n° 60, 1990/3.

au sortir des Trente Glorieuses. L'exercice du pouvoir, dont la gauche avait été privée pendant plus de deux décennies, a engendré son lot de déceptions, bien sûr[1]. En particulier chez les ouvriers : en 1981, 72 % des ouvriers votaient pour François Mitterrand ; vingt ans plus tard, en 2002, ils ne sont plus que 13 % à porter leurs suffrages sur le nom de Lionel Jospin. Mais, en nombre de voix, la première explication de l'hémorragie de suffrages ouvriers que connaît la gauche dans ces années réside dans l'érosion démographique rapide du groupe des ouvriers au cours des dernières décennies du XXe siècle : ils représentaient 35 % de la population active en 1975 contre 23 % en 2011. Autrement dit, la catégorie a perdu près de 40 % de ses effectifs en moins de quarante ans, tombant largement en dessous du niveau qui était le sien à la veille du Front populaire en 1936. Le mot « ouvrier » désigne d'ailleurs de plus en plus souvent des situations n'ayant qu'un vague rapport avec la civilisation de l'usine qui avait abrité la « classe ouvrière ». Résultat : seuls 6 % des actifs se reconnaissent comme appartenant à la classe ouvrière, contre 65 % qui se reconnaissent comme appartenant aux classes moyennes[2].

1. Certains ont mis l'accent, en particulier, sur la rupture progressive de la gauche avec le monde ouvrier, lui reprochant une indifférence croissante aux milieux modestes, voire un abandon du « peuple » au profit des nouveaux bourgeois de centre-ville et des publics de la politique de la Ville. Les partisans de la thèse du « gaucho-lepénisme » ont même fait de cet abandon supposé la clé des succès que le Front national allait enregistrer dans les catégories populaires à partir des années 1980. Voir à ce sujet l'essai d'Éric Conan, *La Gauche sans le peuple*, Paris, Fayard, 2004.

2. Selon une étude Ifop pour la Fondapol, « La France des classes moyennes », novembre 2010.

Ces mêmes classes moyennes, en revanche, n'ont pas connu de recul significatif durant cette période. Leur position sociale objective et leur condition matérielle ne se sont pas sensiblement dégradées, et elles n'ont pas (du moins, pas encore) amorcé le grand déclin démographique qu'on leur promet régulièrement depuis dix ou quinze ans. À dire vrai, elles n'ont même jamais été aussi nombreuses et aussi centrales qu'aujourd'hui. Les thèses à la mode sur l'éviction des classes moyennes ne sont pas validées, dans le cas français, par les données statistiques disponibles. Certes, la polarisation du marché du travail, parfois décrite sous le nom d'« effet sablier », semble s'être amorcée[1]. Mais on importe un peu vite dans notre imaginaire social les conclusions d'une littérature valable surtout et d'abord pour les États-Unis.

Si on les définit grossièrement comme l'ensemble des personnes détenant entre deux tiers et deux fois le revenu médian, soit à peu près l'idée qu'un Mendras pouvait se faire du groupe central autour duquel devait se jouer la « moyennisation[2] », les classes moyennes demeurent très majoritaires entre 1996

1. Voir Sylvain Catherine, Augustin Landier et David Thesmar, *Marché du travail : la grande fracture*, Paris, Institut Montaigne, 2015. Voir aussi Jean-Marc Vittori, *L'Effet sablier*, Paris, Grasset, 2009 : selon l'auteur, sous la pression des technologies de l'information et de la communication, la société va prendre la forme d'un sablier, creusé et évidé en son centre, et élargi à sa base (beaucoup) et à sa tête (un peu). Cet « effet sablier » serait la conséquence d'une désintermédiation généralisée et d'une raréfaction progressive des emplois intermédiaires.

2. On n'entre pas ici dans la discussion sans fin sur le périmètre et la définition des classes moyennes. La présente définition est naturellement très approximative, mais elle permet surtout de comparer des morphologies sociales.

et 2012 – entre 67 % et 69 %[1]. De même, leur part dans le revenu agrégé reste considérable sur la même période – entre 63 % et 66 %. Cette situation paraît florissante par rapport à leurs homologues américaines (50 % de la population et 43 % du revenu agrégé en 2012) qui sont engagées depuis plusieurs décennies sur une pente nettement déclinante. Bref, si la crise de 2008 a bel et bien érodé les pouvoirs d'achat et la confiance dans l'avenir, rien ne prouve que la société française s'apprête à vivre un déclin des classes moyennes comparable à celui que connaissent les États-Unis depuis une quarantaine d'années.

En réalité, ce qui recule, ce sont moins les classes moyennes elles-mêmes que leur leadership collectif et la philosophie sociale dont elles étaient porteuses : une part croissante des catégories populaires ne croit plus guère au pouvoir d'entraînement des classes moyennes sur leur propre destin. De fait, la croissance de ces catégories intermédiaires ne s'est pas accompagnée d'un rattrapage progressif des classes populaires dans les dernières décennies du XXe siècle. Non seulement les écarts de revenus avec le monde ouvrier sont restés relativement stables, mais l'exposition au risque de chômage a tendu à s'accroître au détriment des ouvriers, de même que les écarts en matière de qualification et d'implantation résidentielle sur le territoire[2]. Les ouvriers qui continuent à envier les emplois plus stables et mieux rémunérés des classes moyennes ont quelque raison de penser que cet horizon s'est éloigné plutôt que rapproché.

Dans le même temps, une grande partie des classes moyennes – en particulier des classes moyennes inférieures –

1. David Marguerit, « Classe moyenne : un Américain sur deux, deux Français sur trois », *France Stratégie*, 11 février 2016.

2. Voir Dominique Goux, Éric Maurin, *Les Nouvelles Classes moyennes*, Paris, Seuil, « La République des idées », 2012.

est traversée par une sérieuse crise de confiance. Certes, leurs ressources scolaires se sont beaucoup appréciées, mais, parce qu'elles sont souvent spécifiques (formations techniques, BTS, DUT...), elles sont menacées d'obsolescence par les rapides transformations du tissu productif sous la pression du progrès technique. Par ailleurs, elles peinent à franchir le seuil des grandes écoles et des meilleures universités. Au moment de frapper à la porte de l'élite, les enfants des classes moyennes salariées mesurent les obstacles qui les séparent du sommet de la hiérarchie sociale. Ces catégories intermédiaires où l'on a longtemps cherché un socle de stabilité et d'équilibre sont hantées aujourd'hui par l'idée de la fragilité des acquis et par l'incertitude des destins, résument Dominique Goux et Éric Maurin[1].

De fait, les classes moyennes salariées, qui avaient été l'« appartement témoin » du monde de la fin des Trente Glorieuses et le socle du processus de pacification démocratique, sont en train de perdre à la fois leur confiance dans l'avenir et leur capacité d'attraction sur le reste de la société, en particulier sur les catégories les plus modestes. Caractérisées par une forte hétérogénéité (petit patronat, salariés des professions intermédiaires, artisans, commerçants, professeurs, techniciens, cadres B de la fonction publique, etc.), elles forment aujourd'hui le « lieu carrefour » où s'expriment les aspirations à la promotion sociale, mais aussi, de plus en plus souvent, les craintes de déclin, de déclassement et de trajectoires descendantes[2].

1. *Ibid.*
2. *Ibid.* Pour une lecture plus pessimiste de ces questions, voir Louis Chauvel, *Les Classes moyennes à la dérive*, Paris, Seuil, « La République des idées », 2006.

Ce sentiment de fragilité touche en particulier les classes moyennes inférieures, dont une part croissante épouse des comportements de rejet. Persuadées qu'elles sont devenues les « dindons de la farce » d'un État-providence qui leur demande beaucoup et leur offre peu en retour, elles sont de moins en moins disposées à jouer le jeu des solidarités mises en place par la société salariale. Une enquête sur les représentations de la protection sociale par les Français, réalisée par le Crédoc en 2015, révélait ainsi que la préoccupation pour la pauvreté et l'exclusion s'était effondrée en l'espace de vingt ans, passant de 63 % des sondés en 1995 à 36 % en 2015 ; à l'exception des employés (29 %), elle n'est nulle part aussi basse que dans les professions intermédiaires (35 %) et les classes moyennes inférieures (30 %)[1]. C'est également dans les professions intermédiaires et au sein des classes moyennes inférieures que la protection sociale est le plus souvent associée à l'assistanat. Enfin, les mêmes classes moyennes inférieures sont celles qui, s'il fallait diminuer certaines prestations sociales, choisiraient le plus souvent le Revenu de solidarité active (28 % contre 26 % en moyenne)[2].

Cet égoïsme social et ce ressentiment n'étaient pas inscrits dans le programme de la « classe d'équilibre », ce juste milieu facteur de stabilisation du corps social et de la démocratie. Ils ne sont pourtant pas complètement nouveaux dans l'histoire des classes moyennes. On en raconte souvent les moments les plus glorieux ; plus rarement, les heures difficiles.

1. Credoc, « Regards sur la protection sociale et sur les politiques de solidarité », septembre 2015. Enquête réalisée en « face à face » auprès de plus de 2 000 personnes à la demande de la MGEN et de Terra Nova.

2. Le RSA n'avait pas encore été réformé au moment de l'enquête.

La fragilité de ces catégories qui disposent d'un capital de formation moyen et qui dépendent étroitement, en dehors du secteur public, des fluctuations de la conjoncture, les avait déjà conduites à embrasser des discours de contestation dans les années 1930 en France ou encore, et de façon autrement dramatique, dans les années 1920 en Allemagne. C'est ainsi qu'avec l'Association de défense des classes moyennes (1907-1939) avaient été jetées les bases, dès le début du siècle, d'un syndicalisme bourgeois sur le modèle du syndicalisme ouvrier, mais aussi en partie contre lui. Plus tard apparaît dans le même esprit de défense sociale la Confédération générale des syndicats de classe moyenne. Parce que ces catégories intermédiaires de plus en plus souvent dépendantes de la relation salariale ne disposent d'aucune autre ressource que leur bagage de formation et leur maigre épargne, elles sont particulièrement sujettes à la panique dans les moments de crise économique. Il faut relire à cet égard les pages que Marc Bloch a consacrées à la petite bourgeoisie d'avant-guerre, dans *L'Étrange Défaite*, lorsqu'elle fut exposée aux rigueurs de la dépression[1]. La « tragédie économique » favorise alors, dans ces milieux, un « sentiment d'inégalité retournée » : « Contraint à payer de sa personne, chaque jour plus durement, le bourgeois crut s'apercevoir que les classes populaires, dont le labeur était la source profonde de ces gains, travaillaient au contraire moins que par le passé – ce qui était vrai –, et même moins que lui-même – ce qui n'était peut-être pas aussi exact –, en tout cas tenait un compte insuffisant des différentes nuances de la fatigue humaine. On le vit s'indigner que le

1. Marc Bloch, *L'Étrange Défaite*, (1946), Paris, Gallimard, « Folio histoire », 1990.

manœuvre trouvât le loisir d'aller au cinéma, tout comme le patron ! L'esprit des classes ouvrières, que leur longue insécurité avait accoutumé à vivre sans beaucoup de souci du lendemain, heurtait son respect inné de l'épargne. Dans ces foules au poing levé, exigeantes, un peu hargneuses et dont la violence traduisait une grande candeur, les plus charitables gémissaient de chercher désormais en vain le "bon pauvre" déférent des romans de Mme de Ségur. »

C'est logiquement avec effroi que ces milieux vont accueillir le Front populaire en 1936 : « Parce que la bourgeoisie était ainsi anxieuse et mécontente, elle était aussi aigrie. Ce peuple dont elle sortait et avec lequel, en y regardant de plus près, elle se fût senti plus d'une affinité profonde, trop déshabituée, d'ailleurs, de tout effort d'analyse humaine pour chercher à le comprendre, elle préféra le condamner. On saurait difficilement exagérer l'émoi que, dans les rangs des classes aisées, même en apparence parmi les hommes les plus libres d'esprit, provoqua, en 1936, l'avènement du Front populaire. Quiconque avait quatre sous crut sentir passer le vent du désastre et l'épouvante des ménagères dépassa, s'il était possible, celle de leurs époux[1]. »

Les classes moyennes d'alors furent bien loin de faire cause commune avec les intérêts et les aspirations du monde populaire. De manière plus générale, le messianisme politique et social qu'on leur attribue depuis les Lumières cache souvent une vulnérabilité économique et une incertitude des places qui leur fait périodiquement tourner le dos à la fois aux élites et au peuple. Il n'est pas impossible que nos classes moyennes inférieures connaissent à leur tour la même triangulation

1. *Ibid.*

de leurs rapports sociaux et qu'elles rejoignent la partie la mieux insérée des catégories populaires – des employés en particulier – dans le ressentiment à l'égard des « assistés » et des « protégés », d'un côté, et des élites, de l'autre.

Quoi qu'il en soit, le temps n'est plus à l'optimisme sur la « classe de stabilité » et les vertus de tempérance attachées à ce « juste milieu ». Non seulement cette « classe » est traversée par la défiance, mais elle n'infuse plus dans le reste du corps social le sentiment d'une société fluide, confiante et prometteuse. La perte de crédibilité de la philosophie sociale individualiste et méritocratique qui avait fait sa force et son rayonnement nourrit à présent une représentation plus amère des destins populaires et une tragique explosion des sentiments d'injustice. À l'image largement idéalisée d'une société fluide pourrait alors bientôt succéder celle d'une nouvelle « société de confrontation », tissée d'antagonismes oubliés. En tout cas, le cycle de relative pacification politique qui s'était ouvert au tournant des années 1970 s'est refermé, et le moule dans lequel la société salariale avait coulé l'idée de progrès est bel et bien cassé.

X

Les contestations de la représentation

Avec le recul non seulement de la stabilité, mais du pouvoir stabilisateur des classes moyennes salariées se retire une large partie de la confiance sociale qui accompagnait le contrat social tissé dans les décennies d'après-guerre. L'affaissement de la croyance dans le progrès et le délitement progressif des coalitions électorales et des fidélités partisanes traditionnelles ne vont cesser de fragiliser l'autorité des responsables politiques et des majorités qui se succèdent depuis trente ans. La sortie du cycle de pacification idéologique, qui avait permis d'écarter les offres de rupture et d'éloigner les tentations révolutionnaires, débouche sur la remise en cause non seulement des politiques mises en œuvre, mais plus radicalement des façons de se gouverner collectivement. On s'interroge sur la clairvoyance de l'État administratif jacobin, à la fois instituteur du social et ingénieur en chef de la modernisation du pays durant les Trente Glorieuses. On s'interroge aussi sur la lucidité et la compétence du législateur et, à travers lui, sur le mode de production des règles collectives. Le logiciel hexagonal de transformation sociale qui semblait avoir fait des miracles dans les décennies d'après-guerre est désormais l'objet de vives discussions et de profonds désaccords. Il reposait sur une soumission à l'autorité de l'État central et de la représentation nationale qui ne va plus de soi. L'insubordination souffle à présent aussi sur la politique.

Ainsi, depuis bientôt quinze ans, les réformes qui touchent au droit social donnent lieu à d'âpres débats sur le modèle jacobin de construction des normes. Sa verticalité est attaquée : on conçoit de moins en moins que la légitimité de l'élection autorise le gouvernement et sa majorité à se passer de l'opinion des corps intermédiaires et des professionnels concernés, en court-circuitant les voies de la concertation et de la délibération. Sa généralité l'est aussi : l'idée que la loi commune est le bon niveau de régulation des relations sociales fait de moins en moins consensus dans un tissu productif et dans des territoires où, au quotidien et le plus souvent à l'insu des médias, se joue une intense activité contractuelle. Dans les deux cas, l'architecture pyramidale des grands compromis socioproductifs des décennies passées est contestée, et avec elle l'idée que l'État serait l'ordonnateur hégémonique du changement, et la « volonté générale » la seule volonté légitime et acceptable.

Bien sûr, les nostalgiques du jacobinisme autoritaire se raccrochent au fait que l'opinion publique applaudit volontiers aux promesses d'un pouvoir fort et volontariste pendant les campagnes électorales nationales quand les candidats rivalisent d'ambitions, d'engagements et de simplifications en tout genre. Mais elle se retourne aussi contre lui, avec la même régularité, dans l'exercice de l'action gouvernementale, démontrant que les chemins de la vie démocratique sont aujourd'hui infiniment plus complexes que le suppose la vieille doxa jacobine. Le citoyen se grise volontiers d'un imaginaire décisionniste dont, ensuite, le professionnel, le salarié ou le résident viennent à dénoncer les réalisations… La démocratie française vit ainsi déchirée entre la nostalgie d'un pouvoir politique et d'un État forts, et l'affirmation progressive de nouveaux niveaux de légitimité et de régulation.

Plus profondément, c'est le mode de production de l'autorité politique et de sa légitimité qui est aujourd'hui mis en question. Ce mode de production a longtemps été presque entièrement assimilé au « système électoral-représentatif ». Dans ce cadre, la démocratie se résume à l'élection : le moment électoral absorbe l'essentiel des choix collectifs et produit l'essentiel de la légitimité. « Si vous voulez contester ou transformer les choses, votez ! », répètent en chœur les majorités et les gouvernements qui se succèdent. « Et ensuite, subissez ! », serait-on tenté d'ajouter : dans les intermittences du suffrage, la démocratie est en effet priée de se mettre en sommeil. Comme si les majorités étaient en droit d'exiger, pour réaliser la volonté générale révélée dans les urnes, ce que les chirurgiens appellent le « silence opératoire ». Cette vision très appauvrie du jeu démocratique est évidemment largement illusoire : l'autorité du suffrage, si nécessaire soit-elle pour arbitrer entre des offres politiques et des candidats, n'a jamais permis de suspendre l'activité démocratique entre deux élections, laquelle poursuit sa vie en dehors des mécanismes institutionnels censés lui donner corps.

Mais ce système est aujourd'hui sur la sellette pour des raisons plus radicales. C'est la représentation elle-même qui se trouve mise en cause, et avec elle les hiérarchies qui l'accompagnent et la structurent. Non seulement parce que les élus sont considérés par beaucoup comme autant de membres d'un club fermé travaillant à sa propre reproduction et imperméable au renouvellement. Mais aussi parce que le système électoral-représentatif apparaît moins comme un dispositif de délégation fiable que comme un système de captation et de domination.

Loin de garantir une classe politique à l'image de la société qu'elle gouverne, nos institutions représentatives sont accusées d'entretenir une petite oligarchie obsédée par sa propre perpétuation, un « establishment », voire une « caste » vivant en apesanteur au-dessus de la société et largement coupée de ses aspirations.

Disqualifier ce genre d'accusations en les identifiant au « populisme » est une bien faible réponse, car le problème peut être assez objectivement documenté. La sociologie de la représentation nationale en témoigne[1]. L'Assemblée ne compte encore aujourd'hui que 27 % de femmes dans ses rangs. C'est plus que sous la précédente législature (18 %), mais les femmes ne représentaient encore que 40 % des candidats à la députation en 2012, et ce chiffre, lui, ne progresse plus depuis plus de quinze ans.

Le renouvellement générationnel n'est pas non plus au rendez-vous : l'âge moyen de l'Assemblée nationale issue des urnes en 2012 est de 54,6 ans (contre 55,1 ans sous la précédente législature), et celui des nouveaux entrants est de 49,8 ans. L'Assemblée nationale reste donc pour l'essentiel une enceinte de quinquagénaires dans un pays où la moitié de la population a moins de 40 ans[2].

1. Voir Luc Rouban, « Les députés de 2012 : quelle diversité ? », *Cevipof*, n° 8, juillet 2012.

2. L'âge médian de la population française est de 40 ans en 2015, selon l'Insee.

Quant aux origines sociales des députés, elles restent extrêmement concentrées. En 2012, le Palais Bourbon ne compte qu'un ouvrier sur ses bancs. Seuls 2,6 % des députés sont employés, 3 % agriculteurs, 6,6 % artisans ou commerçants, 6,2 % issus des professions intermédiaires. En revanche, 81 % viennent du monde des cadres et des catégories supérieures. Pour ne rien arranger, les milieux professionnels d'origine sont eux-mêmes très marqués : 55 % des députés sont ainsi issus du secteur public.

Fondé sur la circonscription territoriale, le scrutin majoritaire à deux tours complique encore les choses en privilégiant traditionnellement les notabilités locales. Comme le soulignait Olivier Ferrand : « Parce que le mode de légitimité dans les sections locales des partis s'acquiert à l'ancienneté, il fait la part belle aux professionnels de la politique : après dix ans de militantisme, on devient élu municipal, puis maire, conseiller général et régional, et enfin député, récompense ultime d'une carrière politique locale réussie. Conséquence : le député type aujourd'hui est un homme, blanc, de plus de 55 ans, cumulard, et qui a fait de la politique toute sa vie[1]. »

Mais la société ne veut pas seulement se reconnaître dans ses élus. Elle se cherche aussi des yeux dans les institutions de la « société civile » – partis, syndicats, organisations professionnelles, grandes associations partenaires de l'action publique, presse, médias, etc. Or, celles-ci connaissent presque toutes, dans le même temps, une grave crise d'adhésion et

1. Olivier Ferrand, « Il est urgent d'introduire une dose de proportionnelle aux législatives », *Le Monde*, 23 mai 2011.

de légitimité. Toute une partie du corps social se trouve, là encore, en état de sous-représentation.

C'est particulièrement le cas du petit « prolétariat de services », des « nouveaux ouvriers », des employés des TPE et des PME, et d'une partie des catégories intermédiaires du privé. Autant de groupes qui composent ce que l'on pourrait appeler la France de l'instabilité : celle qui connaît la plus forte exposition au chômage, à l'insécurité sociale et à la peur du déclassement. Ces Français-là ne se rencontrent que rarement dans les effectifs des organisations qui composent ce qu'il est convenu d'appeler la « société civile organisée ».

Le monde syndical est ainsi essentiellement composé d'adhérents issus du salariat stable, voire sous statut, et le plus souvent liés aux anciens grands secteurs de la société industrielle. Les mondes de la fonction publique et de la grande entreprise y sont particulièrement surreprésentés. Le nouveau salariat dispersé, typique de la tertiarisation, en est, en revanche, singulièrement absent. C'est le cas des employé(e)s de service direct à la personne ou encore des « nouveaux ouvriers[1] » des petites entreprises.

Dans ces catégories que caractérisent la vulnérabilité sociale, une forte exposition aux relations de marché et la prévalence de l'emploi privé, le monde syndical peut même être perçu de manière négative : il passe souvent pour le porte-parole exclusif des salariés installés et bardés de protections en tout genre, le héraut d'une forme de corporatisme du statut ou de la sécurité. Le syndicalisme peut de cette manière être associé à une forme de puissance conservatrice dans le monde du

1. Dominique Goux et Éric Maurin, « La nouvelle condition ouvrière », *Note de la Fondation Saint-Simon*, n° 100, octobre 1998.

travail, et cette association donner lieu à de vives aigreurs lorsque, en outre, il s'aventure à parler au nom du salariat rassemblé, ce qui est pourtant sa vocation.

Les partis politiques ne font guère mieux sous ce rapport. D'une manière générale, leurs effectifs d'adhérents sont maigres, plus maigres encore que ceux des syndicats. La professionnalisation des carrières militantes dans ces structures tend à les transformer en écuries d'élus et en vastes portefeuilles de mandats, et laisse peu de place au travail de terrain, d'imprégnation et de fédération des attentes sociales. C'est particulièrement vrai d'une formation comme le Parti socialiste qui aurait pourtant vocation à rassembler les voix et les représentants de ce salariat modeste et fragile. Ça l'est aussi d'organisations de plus petites tailles qui ne cessent de se réclamer du mouvement social et des précaires sans jamais parvenir à les attirer dans leurs rangs.

Face à cette crise des partis politiques, partout commentée, certains placent leurs espérances dans la vitalité du monde associatif. Les diverses utopies de démocratie associative qui circulent depuis quelques années reposent sur une idée qui est devenue un véritable lieu commun des études de sciences politiques : par un jeu de vases communicants, les associations et les ONG prendraient le relais d'une société politique désenchantée. Elles récupéreraient ces militants déçus et ces adhérents las des compromis d'appareil, leur proposant un mode d'intervention et d'action plus concret, plus immédiat, plus indépendant, plus pragmatique, bref, plus pur et à l'abri des idéologies et des manœuvres du pouvoir. Le mythe de la virginité associative bat son plein comme nouveau siège de la confiance civique[1].

1. Marc-Olivier Padis et Thierry Pech, *Les Multinationales du cœur...*, *op. cit.*

L'utopie associationniste cache pourtant deux problèmes. Le premier est que, suivant une logique finement décrite par la sociologue et politologue Theda Skocpol pour le cas américain, plus elles se professionnalisent, moins elles sont ouvertes à la participation collective et populaire. Le second est que leur ancrage sociologique n'est guère plus diversifié que celui des syndicats et des partis politiques. Comme l'ont montré les sociologues Matthieu Hély et Denis Bernardeau Moreau, le monde des associations à vocation civique, comme le monde du travail social qui le recoupe en grande partie, révèle une sociologie très polarisée. Les données statistiques mettent en effet en évidence l'inertie des déterminants sociodémographiques de la participation associative comme la classe sociale, le niveau de diplôme ou encore l'âge. Le résultat de l'enquête est édifiant : « Les jeunes et les classes populaires sont (...) aussi éloignés de la démocratie associative que de formes de participation plus conventionnelles dont le secteur associatif se présente pourtant comme un envers[1]. » La typologie générationnelle est en particulier très marquée : « Il est ainsi significatif de constater un effondrement du cumul des adhésions associatives pour les jeunes actifs trentenaires et quadragénaires de 2002 par rapport à leurs homologues de 1982. Ce sont donc bien les jeunes retraités qui occupent désormais une position dominante dans le monde associatif[2]. »

Finalement, la sociologie associative est à peu près la même que celle des partis qu'elle est censée remplacer dans

1. Denis Bernardeau Moreau et Matthieu Hély, « La sphère de l'engagement associatif : un monde de plus en plus sélectif », *La Vie des idées*, 31 octobre 2007.

2. *Ibid.*

l'ordre de l'investissement et de l'engagement civiques : ce sont les mêmes, souvent avec vingt ans de plus ! Là encore, la France de l'instabilité brille par son absence. De la même manière, les expériences de démocratie participative peinent à accueillir ses voix et à mobiliser son activité[1]. En somme, ce sont presque toujours les mêmes qui participent, se syndiquent, militent et s'engagent dans la société civile.

La partie la plus précarisée de la société française peine ainsi à s'organiser en acteur collectif, à faire entendre sa voix à travers les structures de la société civile. Il ne s'agit pas de prétendre ici que ce monde la rejette : au contraire, les organisations politiques, syndicales ou associatives ne demandent qu'à accueillir les catégories les plus précarisées car leur légitimité en serait sensiblement grandie. Il s'agit simplement de relever ce fait : ces organisations ne les intéressent pas ou leur donnent le sentiment de ne pas les concerner. Elles se coulent ainsi, dans les intervalles du suffrage, dans une forme d'invisibilité sociale et publique qui se distingue de l'invisibilité régulièrement pointée par les mouvements de « lutte pour la reconnaissance ». Car cette invisibilité n'est pas d'abord l'expression d'un mépris ou d'un rejet de la part des catégories dominantes, mais plus simplement le fait d'une absence. La France de l'instabilité en vient ainsi à constituer une « énigme ordinaire », une forme de banalité mystérieuse aux yeux du reste du monde social, et particulièrement de ceux qui tiennent les clés de l'expression publique et des médias.

1. Loïc Blondiaux, *Le Nouvel Esprit de la démocratie. Actualité de la démocratie participative*, Paris, Seuil, « La République des idées », 2008.

C'est beaucoup moins vrai d'autres catégories, qui ont, elles, leurs porte-parole dans l'espace public et leurs lieux de synthèse. Les salariés sous statut ont ainsi une forte présence syndicale et corporatiste, une capacité de mobilisation avérée dans certains secteurs de la fonction publique comme l'enseignement, et sont, pour une part, suffisamment proches de l'État et des fonctions publiques territoriales pour exercer une influence non négligeable sur leur conduite. Les « compétitifs », surqualifiés, flexibles et hypermobiles, contrôlent d'importants lobbies industriels, financiers et médiatiques, profitent souvent des solidarités de grands corps (associations d'anciens élèves, réseaux sociaux...), et ont une forte présence dans les élites décisionnelles. Quant aux exclus, s'ils parlent rarement pour eux-mêmes, ils sont souvent représentés dans l'espace public par un vaste tissu d'associations d'implantation locale et quelques grandes structures civiles de visibilité nationale (ATD Quart Monde, Emmaüs, etc.).

De fait, la France de l'instabilité, elle, s'exprime peu en dehors des échéances électorales, et rares sont ceux qui parlent pour elle dans la société civile.

À ces défaillances de la représentation s'ajoute un doute croissant sur la fidélité des représentants aux promesses et aux programmes sur lesquels ils ont été élus. Il faut souligner ici la responsabilité de notre système institutionnel : celui-ci ne cesse d'éloigner les stratégies d'accès au pouvoir et l'usage qui en est fait ensuite dans l'exercice du gouvernement. Les institutions de 1958, surtout depuis la correction de 1962 et l'élection du président de la République au suffrage universel direct, incitent en effet, pour se faire élire, à l'élaboration de stratégies qui obscurcissent, voire contredisent, ce qui sera mis en œuvre après la victoire. Bref, il favorise des situations où les conditions de la conquête du pouvoir sont orthogonales aux conditions de son exercice.

En outre, la logique de bloc et la discipline parlementaire empêchent la formation de coalitions d'action et hypothèquent les chances de consensus sur les grands sujets au sein de la représentation nationale. Au final, sous couvert de donner une grande latitude d'action à l'exécutif, notre système institutionnel bride plutôt la capacité à entreprendre des réformes ambitieuses et concertées. C'est le paradoxe dans lequel nous sommes englués depuis une quarantaine d'années : nos institutions sont résolument tournées vers une recherche de *puissance exécutive* et elles sont en même temps comptables d'une *impuissance politique* partout déplorée ! De manière symptomatique, le chef de l'État français passe, auprès de ses homologues européens, pour le plus puissant et le plus impuissant de ses pairs : il peut décider seul d'une intervention militaire au Mali ou en Libye, mais il peine à réformer la Sécurité sociale dans son propre pays…

Bien sûr, tous les systèmes politiques connaissent des tensions entre *politics* (la politique comme lutte pour le pouvoir) et *policies* (les politiques publiques mises en place). Mais le nôtre les aggrave singulièrement. C'est vrai avec l'élection présidentielle comme avec l'élection législative qui la suit désormais de très près et qui se joue, de ce fait, « à l'ombre » de la majorité présidentielle qui vient de se former. Pour l'élection présidentielle, le fait a été abondamment et souvent commenté. Les présidents de la République qui se sont succédé depuis une trentaine d'années ont tous été conduits, pour rassembler leur camp, à cultiver un certain nombre d'ambiguïtés : à gauche en flattant les passions antilibérales, voire anticapitalistes, pour s'attacher les suffrages des franges les plus radicales ; à droite en excitant les passions nationales, voire xénophobes, pour aller chasser les voix des souverainistes ou de l'extrême droite. Une fois élus, ils doivent se confronter à l'inertie des réalités, aux limites du droit, à l'algèbre des projets de loi de finances et aux sanctions de la balance des paiements. Après quelques mois de dégrisement, la poésie des promesses cède la place à la prose du monde comme il va. Il faut alors savoir atterrir sans renoncer. Si pertinentes et courageuses puissent-elles être, les initiatives et les réformes qui seront engagées à l'ombre de ces contraintes paraîtront toujours modestes, voire misérables rapportées au lyrisme des meetings et à la ferveur des campagnes.

De telles ambiguïtés suscitent rétrospectivement un jugement moral assez sévère : on y voit volontiers un « manque de sincérité » ou un défaut de « courage politique ». Pourtant, le problème est d'abord de nature institutionnelle. Car ces ambiguïtés font souvent partie des conditions de la victoire dans une élection qui exige le plus large rassemblement de son camp, et qui l'exigera plus encore en situation de tripartition de la vie politique[1]. Condamnables du point de vue du contrat passé avec les citoyens parce qu'elles contribuent à l'obscurcir, elles sont souvent indispensables à l'agrégation de leurs suffrages dans le cadre du scrutin majoritaire à deux tours. Autrement dit, la vertu, moralement préférable, est un luxe de perdant, politiquement hors de prix, qui condamne souvent ses fidèles à des positions de simple témoignage. De

1. Voir Michel Balinski, Alain Bergounioux, Anne-Lorraine Bujon, Rida Laraki, Thierry Pech, « Primaires : et si c'était à refaire… », Terra Nova, avril 2015.

fait, nos institutions offrent une prime à l'ambiguïté et creusent du même coup la défiance envers la politique.

La logique institutionnelle et politique qui prévaut dans la préparation de l'élection présidentielle se poursuit et se prolonge avec l'élection législative qui doit donner à l'exécutif une majorité parlementaire pour gouverner. Car, là encore, le scrutin majoritaire à deux tours aiguise le clivage gauche/droite et offre une forte prime à l'unité de chacun des deux hémisphères. Dans ces conditions, les grands partis de gouvernement comme les petites formations ont intérêt à faire bloc et à passer des accords : les premiers parce qu'ils ont besoin d'une large majorité pour gouverner ou pour se faire entendre dans l'opposition ; les seconds parce qu'ils ont besoin de sièges pour exister et participer. Alors même qu'il s'agit de désigner une majorité de gouvernement et donc, plus encore qu'avec l'élection présidentielle, d'examiner un programme et des propositions d'action publique, nos institutions encouragent les logiques de bloc et font payer un prix potentiellement élevé à ceux qui entendraient déroger à cette discipline et s'émanciper de ses décrets.

Ainsi, les grandes formations peuvent être incitées à taire certains sujets à fort potentiel de division. Quant aux « petites » formations, elles sont fortement incitées, pour gagner des sièges, à négocier des accords d'investitures avec les « grandes » car c'est bien souvent leur seule chance de figurer au second tour et d'être en situation de l'emporter[1].

1. Rappelons qu'avec un seuil minimal de 12,5 % des inscrits pour pouvoir se maintenir au second tour, il faut réunir plus de 17 % des suffrages exprimés avec une abstention de 30 % pour y parvenir, ou 25 % avec une abstention de 50 %. Autrement dit, il y a peu de circonscriptions où les candidats du Parti de gauche, d'EELV ou du Centre sont capables

Ces stratégies ne prévalent pas seulement à l'approche des élections législatives : elles ont également des conséquences, entre deux scrutins, sur le comportement des élus dans l'exercice même de leur mandat. Ainsi, les députés centristes savent très bien, au moment de voter pour ou contre telle ou telle réforme d'un gouvernement de gauche, à qui ils devront probablement leur prochaine investiture et, le cas échéant, leur réélection. Dans l'hypothèse où ils se trouveraient d'accord avec les projets du gouvernement, ils réfléchiront donc à deux fois avant de lui apporter leur soutien car cette « dissidence » passera pour une dangereuse entorse au pacte tacite d'opposition. C'est pourquoi, dans ce cas, la plupart sont conduits à voter contre leur conscience ou à transiger en faveur de l'abstention.

Cette discipline parlementaire, qui vaut à notre chambre basse la réputation de « Parlement godillot », est une caractéristique forte de nos institutions. Sur un certain nombre de sujets, il peut certes arriver que des textes soient approuvés à une majorité qui se joue des frontières entre les différents blocs. Mais, comme l'ont montré les politistes Martial Foucault et Jean-François Godbout, cette quasi-unanimité concerne au premier chef des enjeux de politique étrangère sur lesquels les clivages entre droite et gauche sont rares. Inversement, certains sujets peuvent diviser chacun des deux blocs : c'est notamment le cas des enjeux européens qui mettent souvent à rude épreuve la discipline parlementaire. En revanche, sur les grandes questions économiques et sociales, la discipline de vote atteint des sommets impressionnants. Martial Foucault

de franchir cette barre si les autres formations ne leur simplifient pas la tâche en retirant leurs propres candidats.

et Jean-François Godbout montrent que, de 1958 à 2012, sur 242 votes portant sur des questions économiques, le vote « cohésif » atteint 94 % dans le bloc majoritaire et 78 % dans le bloc d'opposition. Et sur les enjeux liés à l'État-providence (296 votes sur la même période), il atteint 94 % également dans le bloc majoritaire et 81 % dans le bloc d'opposition. Une polarisation aussi nette des comportements parlementaires sur une si longue période est un fait structurel qui doit être imputé aux institutions de la Ve République.

Cette situation rend délicates, voire impossibles, les réformes qui risquent de diviser le bloc majoritaire, car elles ont très peu de chances de trouver le soutien d'une partie du bloc d'opposition. Elle compromet également les réformes qui, en raison de leur ampleur ou de leur radicalité, nécessiteraient un large consensus pour s'imposer.

Paradoxalement, la Ve République, qui a été dessinée pour donner une grande latitude d'action à l'exécutif et conjurer à la fois la division et le « régime des partis », cohabite aujourd'hui avec un sentiment de relative impuissance publique que les citoyens ressentent vivement même s'ils sont peu disposés à en imputer la responsabilité aux institutions.

Vantées pour leur stabilité, ces institutions furent sans doute utiles pour sortir le pays des tourments de la décolonisation et pour piloter une économie largement guidée par l'État modernisateur. Elles ont été, en ce sens, un rouage essentiel du contrat social et ont parfaitement accompagné les années de forte croissance. Mais passé la parenthèse de relative pacification politique, quand le pays s'est trouvé confronté à une série de crises économiques, à une compétition internationale toujours plus aiguë et au chômage de masse, elles ont progressivement révélé leurs défaillances. Elles alimentent même, par leur obsession de la gouvernabilité, le sentiment que la représentation consiste au fond dans une forme de captation, voire de capture de la démocratie. Et finalement, l'impuissance à résoudre les grands problèmes du moment – à commencer par le chômage de masse – finit par nourrir, dans une partie de la population, une demande d'autorité qui se retourne contre la démocratie elle-même. Faute d'avoir su mettre sur pied une démocratie plus riche et plus délibérative, certains en viennent périodiquement à se demander si un régime plus authentiquement autoritaire ne serait pas la solution à leurs difficultés.

À cet égard, certaines enquêtes récentes font froid dans le dos. Un sondage révélait ainsi que 88 % des Français sont d'accord avec l'idée qu'« on a besoin d'un vrai chef en France pour remettre de l'ordre[1] ». D'après la même source, 83 % d'entre eux pensent que « le système démocratique fonctionne plutôt mal en France » et ont « l'impression que [leurs] idées sont mal représentées ». Selon une autre enquête, 67 % des Français considèrent qu'« il faudrait confier la direction du pays à des experts non élus qui réaliseraient les réformes nécessaires mais impopulaires[2] ». Le dictateur bienveillant ou le tyran éclairé seront-ils un jour prochain plébiscités par une opinion lasse du jeu de rôles auquel se résume trop souvent la vie politique ?

Nous n'en sommes pas là. Mais cette pente n'a rien de surprenant dans un pays qui continue d'entretenir le culte de

1. Sondage IPSOS/Sopra Steria, « Fractures françaises », pour *Le Monde*, la Fondation Jean-Jaurès et Sciences-Po, vague 4, avril 2016.
2. Sondage Ifop pour *Atlantico*, octobre 2015.

l'homme providentiel et dont les élites ont consciencieusement alimenté, des décennies durant, une conception à la fois verticale et élitiste de la vie politique. Nées d'une guerre de décolonisation et d'une prise du pouvoir proche du coup d'État[1], les institutions de la Ve République ont consacré l'image d'un président en majesté que certains n'ont pas hésité à décrire comme un monarque constitutionnel. Le souci principal des promoteurs de cette constitution n'était pas que les ouvriers, les femmes et les jeunes fussent mieux représentés sur les bancs du Parlement. Il n'était pas non plus que les grandes réformes économiques et sociales fissent l'objet de délibérations et de concertations plus ouvertes à la société civile et aux corps intermédiaires. Encore moins de contraindre le gouvernement à composer avec un vrai pouvoir parlementaire, des autorités et des contre-pouvoirs réellement indépendants (Justice, Conseil constitutionnel, etc.), ou encore avec des territoires plus autonomes. Leur préoccupation centrale était bien plutôt de renforcer la stabilité et la capacité de commandement de l'exécutif, quitte à l'armer d'outils aussi tranchants que l'article 49.3.

Cet imaginaire institutionnel fait système avec une conception assez aristocratique de la représentation, dont les racines plongent dans un passé plus ancien encore. Le système électoral-représentatif est tellement dominant dans notre culture politique que nous avons fini par en oublier les limites et la nature profonde. Comme le rappelle le philosophe Jacques Rancière : « La *démocratie représentative* peut sembler aujourd'hui un pléonasme. Mais cela a d'abord été

1. « C'est parce que le Parlement s'est couché qu'il n'y a pas eu de coup d'État », avait déclaré Pierre Mendès-France.

un oxymore[1]. » Si les révolutionnaires de la fin du XVIIIe siècle optèrent pour le système électoral-représentatif, c'est parce que leur projet était moins de livrer le pouvoir à la masse que de substituer une élite à une autre. S'ils repoussèrent des procédures comme le tirage au sort, c'est précisément parce qu'ils ne voulaient pas désigner n'importe quel citoyen pour exercer des charges législatives ou exécutives. Les pères fondateurs de la Constitution américaine, qui avaient théorisé ce « gouvernement des meilleurs et des plus sages », avaient, eux aussi, pensé que le meilleur moyen de porter cette nouvelle aristocratie aux affaires, c'était l'élection. Dans l'esprit des révolutionnaires comme dans celui de Montesquieu, le « suffrage par choix » était « de la nature de l'aristocratie », par opposition au « suffrage par le sort » (le tirage au sort) qui était de celle de la démocratie[2]. D'une certaine façon, l'idée qu'une classe politique d'élus forme une sorte d'oligarchie n'a rien d'une surprise : c'est dans la nature même du régime électoral-représentatif.

Reste que, en dehors de rares moments liés à l'irruption de tel mouvement social, cette compréhension des choses peine à se diffuser dans l'opinion. Celle-ci continue de confondre spontanément la démocratie avec le fait électoral majoritaire, et, comme dans le paradoxe de Bossuet, de déplorer les effets dont elle chérit les causes[3]. Ainsi, nous continuons à considérer

1. Jacques Rancière, *La Haine de la démocratie*, Paris, La Fabrique, 2005, p. 61.

2. Montesquieu, *De l'esprit des lois* (1748), Genève, Barrillot et Fils, tome 1, livre II.

3. Ce paradoxe est souvent résumé dans une formule attribuée à Bossuet : « Dieu se rit des hommes qui déplorent les effets dont ils chérissent les causes. »

comme un accident de l'histoire ou comme le fait de coupables dérives des phénomènes dont les ressorts sont inscrits dans l'ADN de notre organisation et de notre culture politiques.

La combinaison des institutions de la Ve République avec une conception de la démocratie trop souvent réduite à l'exercice électoral a produit une République peu inclusive, qui prête le flanc aux accusations de confiscation du pouvoir par une petite oligarchie. De ce point de vue, les défaillances de notre système politique ne sont pas seulement le fait d'une dérive de son modèle, mais en grande partie l'expression de son projet le plus profond.

De fait, si nous voulons que la politique cesse d'être une « profession réglementée », pour reprendre le mot récent d'un ministre, il ne suffira pas de s'interroger sur les effets du mode de scrutin et les différentes façons de le réformer. Ni même sur les vertus – réelles à nos yeux – d'une limitation plus rigoureuse du cumul des mandats et d'un statut de l'élu qui permettrait d'assurer un minimum de sécurité au-delà du mandat à celles et ceux qui ne sont ni fortunés ni fonctionnaires. Il faudra surtout diversifier les canaux de la délibération et de la légitimité, comme le propose Pierre Rosanvallon.

XI

Les nouvelles hiérarchies de la parole

Le vent d'insubordination qui souffle sur la vie politique conduit à mettre en cause la qualité de la représentation non seulement dans les institutions, les partis politiques ou les syndicats, mais aussi dans les formes les plus habituelles de participation à l'espace public. L'image qu'une société se donne d'elle-même, de ses préférences, de ses peurs ou de ses divisions, n'est en effet pas le monopole de l'élection : elle se construit par toutes sortes d'expressions publiques, de la littérature au cinéma en passant bien sûr par la presse et les médias. Le travail de figuration du social est ainsi la responsabilité du journaliste autant que celle de l'élu, du chroniqueur autant que du syndicaliste, du simple manifestant autant que du militant[1]. C'est de l'ensemble de leurs contributions que naît le large et mouvant tableau de nous-mêmes que nous pouvons appeler, dans un sens élargi, la représentation.

Ce tableau est bien sûr influencé par le type de médiations qu'il emprunte et par les différents filtres qu'elles imposent.

1. Sur le concept de représentation-figuration, voir Pierre Rosanvallon, *Le Peuple introuvable. Histoire de la représentation démocratique en France*, Paris, Gallimard, « Bibliothèque des histoires », 1998.

Dans la société salariale de la seconde moitié du XXe siècle, les médias de masse occupent une place décisive. Ils ont vocation à sélectionner et à hiérarchiser l'information, à filtrer l'expression des opinions, à les faire circuler et à synchroniser les débats qui animent l'opinion publique. Ce faisant, ils jouent un rôle déterminant, au quotidien, dans la représentation que la société a d'elle-même, de ses aspirations, de ses conflits, de ses attentes. Ils parlent *pour elle*.

D'une manière générale, nous tolérons aujourd'hui de moins en moins que d'autres parlent pour nous car nous prétendons de plus en plus parler pour nous-mêmes. C'est pourquoi les médiations traditionnelles de l'espace public sont à présent sur la sellette : les médias de masse, bien sûr, mais aussi l'ensemble des personnels qui animent la production de l'information et de l'opinion (journalistes, intellectuels, experts, etc.). Alors qu'Internet et les réseaux sociaux ont beaucoup réduit les coûts d'accès à la parole publique, l'amateur et le quidam estiment ne pas avoir moins de titre à faire entendre leur opinion que le savant, le professionnel, le spécialiste ou l'autorité morale. Ce phénomène conduit à une déhiérarchisation de la parole publique, qui témoigne d'une avancée de la démocratie, en même temps que d'une troublante déstructuration de l'espace public propre à alimenter toutes sortes de radicalisations.

Avancée de la démocratie pour commencer : le champ de la liberté d'expression et de ses usages s'est manifestement élargi, et des voix que l'on entendait peu jusqu'ici peuvent à présent s'exprimer au même titre que les « manipulateurs de symboles » et autres professionnels du débat public. Comme le souligne le sociologue Dominique Cardon, la « démocratie Internet » a levé les barrières qui bloquaient l'accès au forum, rompant avec l'espace public sélectif et codifié qui avait caractérisé la seconde moitié du XXe siècle. Elle a également autorisé des prises de parole plus subjectives et personnelles. Les médias traditionnels, véritables *gate keepers* de l'ordre politique et culturel au temps du modèle vertical de l'information de masse, considéraient les citoyens ordinaires comme incapables de se forger une opinion par eux-mêmes ; Internet, ses blogs et ses forums de discussion en ligne en ont fait les égaux des professionnels et ont largement redistribué la notion de compétence.

Nicolas Vanbremeersch, autrefois connu sous le nom de Versac dans le monde des blogueurs politiques, note dès 2009 qu'en ouvrant la porte à ces nouveaux publics, Internet renforce les capacités critiques, les connaissances et les moyens d'action des citoyens[1]. Là encore, la démocratie y gagne. D'autant que cette révolution de l'accès à l'espace public n'a pas tué les médias traditionnels, mais les a obligés à se transformer, à entrer en dialogue avec les producteurs amateurs.

Si la démocratie est une cité où, comme le dit Jacques Rancière, « le pouvoir du peuple [...] est simplement le pouvoir propre à ceux qui n'ont pas plus de titre à gouverner qu'à être gouvernés », alors un espace public réellement démocratique est un espace ouvert à tous et à n'importe qui, sans préséance ni prééminence particulières. Un espace où l'expertise ne donne pas davantage titre à parler que l'expérience vécue ou la simple opinion, et où elle ne saurait être le monopole des experts estampillés, de celles et ceux qui ont été reconnus comme tels par des institutions ou des académies.

1. Nicolas Vanbremeersch, *De la démocratie numérique*, Paris, Seuil, 2009.

Les plus optimistes voient dans ces mutations l'opportunité de faire entendre l'« expertise citoyenne », comme le disait Ségolène Royal en 2007, ou encore de procéder à une « redistribution radicalement démocratique des tâches de réflexion et des savoirs », pour reprendre les mots du politiste Manuel Cervera-Marzal[1]. Pour d'autres, comme le sociologue Patrice Flichy, ce nouvel espace public couronne l'amateur : entre l'ignorant et le professionnel, ce personnage puise dans son quotidien, dans son expérience et dans les apprentissages qu'il fait grâce aux technologies numériques, des compétences et des ressources qui lui permettent d'entrer en concurrence avec l'expert ou, tout au moins, de le questionner[2]. Une nouvelle intelligence collective émergerait ainsi, renouvelant profondément les conditions du débat public et démocratisant radicalement son exercice.

Cet espace public de « plein air » finit-il par rejoindre l'espace immédiat de la place publique dont il s'était progressivement émancipé aux XVIIIe et XIXe siècles pour lui substituer un espace abstrait, structuré et assez rigoureusement codifié[3] ? C'est en réalité peu probable. Cette lecture fait fi des hiérarchies propres aux nouveaux réseaux de diffusion. Comme le fait observer Dominique Cardon, le Web n'est pas le simple réceptacle d'une quantité de contenus de statuts et de qualités variables. L'information y demeure en réalité fortement hiérarchisée. Simplement, elle ne l'est plus par des

1. Manuel Cervera-Marzal, *Pour un suicide des intellectuels*, Paris, Textuel, 2016.

2. Patrice Flichy, *Le Sacre de l'amateur*, Paris, Seuil, « La République des idées », 2010.

3. Voir Dominique Reynié, *Le Triomphe de l'opinion publique*, Paris, Odile Jacob, 1998.

professionnels, mais par l'ensemble des utilisateurs, par la multitude des usagers qui ont ainsi quotidiennement l'occasion de déployer et d'imposer leur puissance. Les pages les plus visitées, les plus citées, les plus commentées sont aussi les plus visibles, car ce sont elles que les algorithmes des moteurs de recherche font remonter en première ligne.

Là encore, les plus optimistes font confiance à la « sagesse des foules » pour mettre en minorité et faire plonger dans les profondeurs du classement les contenus les moins intéressants ou les plus choquants. Selon eux, rien n'échappe aux yeux de cet Argus qui scrute jour et nuit le réseau, se chargeant de dénoncer ce qui doit l'être et de corriger ce qui peut l'être. L'expérience collaborative de Wikipédia en témoigne[1].

Ces arguments sont certainement de nature à dissiper le pessimisme culturel de l'essayiste et entrepreneur Andrew Keen qui décrit Internet, de livre en livre, comme un immense cloaque à ciel ouvert où des « millions de singes » postés derrière leur clavier déversent quotidiennement des tombereaux d'inepties, le plus souvent sous le couvert d'un lâche anonymat[2]. Mises sur un pied d'égalité avec la culture de qualité, les productions du quidam, gratuites, innombrables et supposées « authentiques », seraient ainsi sur le point de porter un coup fatal à la « vraie créativité ». Le Web serait le nom d'un gigantesque chaos culturel et éthique où le talent et la connaissance reculeraient un peu plus chaque jour devant des « analyses politiques superficielles, des vidéos pitoyables,

1. Joseph M. Reagle, *Good Faith Collaboration. The Culture of Wikipedia*, Cambridge, The MIT Press, 2010.

2. Voir Andrew Keen, *Le Culte de l'amateur. Comment Internet détruit notre culture*, Paris, Scali, 2008.

des romans illisibles »[1]. Un retour à l'état de nature en somme, à l'écart des règles et des lois.

Excessif et caricatural, ce tableau attire cependant l'attention sur les failles et les risques de ce nouvel espace public. Les algorithmes qui déterminent la hiérarchie des contenus sur les moteurs de recherche et les réseaux sociaux ne traduisent pas seulement la « voix de la multitude » dans une sorte de suffrage permanent : ils se conforment aussi souvent à nos attentes. À l'internaute ils ne servent pas le plus populaire dans l'absolu, mais le plus populaire dans le voisinage de ce qu'il a déjà recherché. Ce faisant, ils nourrissent un fonctionnement de nature affinitaire.

C'est le risque que décrivait, voici déjà plus de dix ans, l'essayiste américain Cass Sunstein : l'espace public démocratique est idéalement un espace de rencontres, où s'éprouve l'affrontement pacifique d'opinions divergentes et d'arguments contradictoires ; le Web nous protège bien souvent de telles rencontres pour nous renvoyer l'image d'un monde beaucoup plus attendu, fût-il repeint aux couleurs de l'insolence ou de ce que nous croyons être l'anticonformisme[2]. Parce que les technologies donnent aux citoyens des moyens très efficaces de filtrer et de sélectionner les informations qu'ils reçoivent et les personnes avec lesquelles ils échangent sur les réseaux, ils risquent de s'enfermer dans des « chambres d'écho » ou des « cocons d'information » qui favorisent l'extrémisme, la radicalisation ou la fermeture d'esprit. Le pluralisme démocratique ne se résume pas à la diversité de

1. Andrew Kee, interview à *Libération*, 22 août 2007.

2. Cass Sunstein, *Republic.com*, Princeton, Princeton University Press, 2001. Cass Sunstein a prolongé sa réflexion en 2009 : *Republic.com 2.0*, Princeton, Paperback, 2009.

l'offre, fût-elle potentiellement infinie : il nécessite aussi que soient réunies suffisamment de chances de la rencontrer ! Faute de quoi, la pluralité sera celle d'une nouvelle Babel et non celle d'une cité démocratique.

Les théories de Cass Sunstein sont aujourd'hui reprises par des auteurs comme Eli Pariser ou encore par Dominique Cardon qui, après avoir défendu la « démocratie Internet », alerte sur les biais considérables de la « raison calculatoire » du Big Data, cette comptabilité géante des désirs et des préférences qui risque de façonner un « comportementalisme radical » étranger aux fondements d'une société démocratique[1]. Tout en prétendant nous équiper d'une masse d'informations toujours plus grande, toujours plus rapide et toujours plus accessible, le règne des algorithmes nous conduirait au renforcement de nos convictions, à la reproduction de nos opinions et à une forme de paresse cognitive.

On peut bien sûr – et il faut – apprendre à chercher. Éduquer les citoyens à une conscience critique plus aiguisée face aux nouveaux canaux d'information est un défi crucial pour les temps qui viennent. Mais, en attendant, les machines font leur travail et produisent déjà de puissants effets sociaux. Elles fournissent notamment des outils inédits aux communautés qui alimentent les rumeurs les plus folles et les représentations les plus fausses ou les plus dangereuses. Comme l'ont montré de récentes campagnes électorales, et notamment celle qui a porté Donald Trump à la présidence des États-Unis, ces communautés ne sont pas des isolats stables, contenus *ad vitam*

1. Eli Pariser, *The Filter Bubble*, Londres, Penguin Books, 2011. Dominique Cardon, *À quoi rêvent les algorithmes*, Paris, Seuil, « La République des idées », 2015.

aeternam dans les profondeurs des classements des moteurs de recherche. Elles peuvent croître et recruter progressivement de nouveaux adeptes, au hasard des recherches et des doutes, tout en restant longtemps à l'abri de la contradiction. Les travaux du sociologue Gerald Bronner fournissent de nombreux exemples de croyances plus ou moins irrationnelles devenues florissantes grâce à ce marché dérégulé de l'information que constituent Internet et les réseaux sociaux[1]. C'est le cas, par exemple, de la croyance dans les dangers de la vaccination : il y a une quinzaine d'années, 9 % seulement des Français pensaient qu'il était dangereux de se vacciner ; ils sont aujourd'hui environ 40 %.

Les croyances de ce type, qui défient l'orthodoxie scientifique, étaient jusqu'ici confinées dans des espaces de radicalité relativement confidentiels. Ce n'est plus le cas aujourd'hui : grâce à Internet, ceux qui les portent et les défendent rencontrent plus facilement leurs pairs. Plus motivés que la moyenne en général et que leurs contradicteurs potentiels en particulier, ils parviennent à faire rapidement des émules, notamment parmi les sceptiques et les indécis, deux espèces très répandues dans un pays qui se distingue par un niveau très élevé de défiance.

Sur ce « marché cognitif » en phase d'expansion rapide, Gerald Bronner montre que les informations et les théories les plus dissidentes sont surreprésentées. À titre d'illustration, sur les trente premiers sites référencés par les principaux moteurs de recherche à propos du loch Ness, en 2012, 78 % défendaient l'idée que le monstre existe bel et bien ! Ainsi, la profusion et la diversité de l'offre n'aboutissent pas mécaniquement à

1. Gerald Bronner, *La Démocratie des crédules*, Paris, PUF, 2013.

une amélioration générale des connaissances, au contraire. La concurrence elle-même, en théorie gage d'exigence, trouve ici sa limite : dans le grand dérèglement du marché de l'information que nous vivons, un média préfère souvent prendre le risque de diffuser une information incertaine pour ne pas être en retard sur ses concurrents, plutôt que de la retenir pour la vérifier.

L'effondrement des coûts d'accès à la parole publique sur les réseaux et l'érosion des critères de véridicité ou des références de crédibilité qui organisaient l'espace public traditionnel ont également favorisé le déploiement à grande échelle des lectures révisionnistes, des théories du complot et de tous les fantasmes conspirationnistes[1]. Les professionnels de l'antiterrorisme le font régulièrement remarquer : il y a vingt ou trente ans, une « feuille de chou » millénariste prêchant la haine de l'Occident et le djihad touchait péniblement quelques centaines de personnes et avait toutes les chances de voir ses diffuseurs rapidement identifiés et interpellés ; les mêmes contenus publiés et recopiés à loisir sur Internet et les réseaux font aujourd'hui rapidement le plein d'adeptes et se diffusent longuement avant de rencontrer une première opposition.

1. S'il n'en fallait qu'un exemple, le site www.panamza.com offre un concentré de lecture paranoïaque du monde enveloppée dans une rhétorique d'investigation qui combine la focalisation sur des détails et la pratique continue du sous-entendu grossier. Concernant les attentats du 14 juillet 2016 à Nice, il instille ainsi le doute, comme sur de nombreux autres événements de même nature, en expliquant, par exemple, que l'une des vidéos prises sur le moment serait l'œuvre d'un vidéaste allemand dont l'épouse serait une espionne israélienne, ou encore qu'un couple israélo-américain aurait été « "sauvé" grâce à un "mauvais pressentiment" ». Sous-entendu : les mains conjuguées du Mossad et de la CIA sont derrière tout ça !

Le déferlement de haine qui inonde régulièrement la « fachosphère » sur les réseaux sociaux comme Twitter dévoile une autre facette de ce nouvel espace public. La plupart du temps, sous couvert d'anonymat, des individus s'y livrent aux joies douteuses du massacre, de l'insulte, de la diffamation, des menaces et des obscénités en tout genre, faisant voler en éclats les civilités les plus élémentaires de la discussion. La désinhibition des passions ouvre quotidiennement les vannes de la parole raciste et du ressentiment. Tout ce qui paraissait interdit hier semble, du même coup, devenir désirable et vrai aujourd'hui. La rumeur égale l'information, et le soupçon la preuve. Trois mots sortis de leur contexte et une citation tronquée, jetés en pâture à la meute communautaire, suffiront à exécuter l'adversaire dont les protestations ne seront d'aucun secours s'il n'a pas lui-même une brigade de « suiveurs » au service de ses intérêts.

En somme, on peut voir l'ouverture de ce nouvel espace public comme un progrès de la démocratie et en même temps comme une formidable menace pour le pacte républicain et toutes les formes de contrat collectif qui nécessitent un minimum d'accord sur les informations fiables et sur la façon d'organiser la confrontation des idées, des arguments, des opinions. Tel qu'il est constitué, cet espace public offre une place considérable et depuis longtemps inédite aux discours les plus radicaux. Discours auprès desquels les positions de compromis et les thèses progressistes qui avaient sous-tendu le pacte de la société salariale passent pour la récitation pusillanime d'un bréviaire officiel, quand ce n'est pas pour un pur et simple tissu de mensonges institutionnels.

XII

Le retour des radicalités

Le déclin de la croyance dans la philosophie sociale des classes moyennes, l'érosion continue de la crédibilité des médiations par lesquelles se construisaient à la fois la représentation politique et la figuration du social, les désordres de l'espace public et le recul des civilités de la discussion aiguisent une conflictualité sociale plus ou moins larvée et alimentent une radicalisation progressive des oppositions. Le légitimisme se raréfie : ceux qui étaient prêts à « jouer avec » reculent devant ceux qui veulent « jouer contre ». Pour le dire dans les termes de l'économiste Albert Hirschman, la fidélité compte de moins en moins d'adeptes ; la défection et la protestation, de plus en plus. Ce n'est plus l'image ou l'espérance d'une société fluide qui s'impose, mais le tableau d'un nouveau monde en lutte qui se profile.

De fait, les institutions et les solidarités qui ont structuré la vie démocratique hexagonale dans la seconde moitié du XXe siècle peinent de plus en plus à contenir la montée des antagonismes : des pans entiers des petites classes moyennes et des classes populaires regardent désormais avec suspicion les bénéficiaires des minima sociaux et les habitants des quartiers d'habitat social ; les résidents des grandes périphéries et d'une partie du monde rural reprochent à la France des métropoles et des « bobos » de les avoir abandonnés ; les précaires et les déclassés considèrent avec sévérité la sécurité des fonctionnaires et des salariés à statut... Chacun de ces antagonismes épouse des clivages économiques et sociaux bien documentés, mais se double d'une dimension morale et accusatrice dont les statistiques publiques ne rendent pas toujours compte.

Dans le même temps, les différentes composantes du consensus sur lequel reposait la figure stylisée d'une « République du centre » se disloquent : l'intégration européenne, longtemps présentée comme l'utopie de substitution aux grandes espérances idéologiques et aux philosophies de l'histoire, est la cible d'un feu de plus en plus nourri ; l'ouverture économique et culturelle, où l'on voyait naguère l'horizon de la modernité, est à présent chargée de tous les maux ; les institutions du libéralisme politique (*checks and balances*, constitutionnalisme, sécularisme, neutralité morale, défense et promotion des droits de l'homme...), longtemps considérées comme le patrimoine commun des démocraties, ne vont plus de soi.

Un nombre croissant d'individus qui se recrutent le plus souvent chez les perdants du nouvel ordre économique refusent de se soumettre à ce qui a tenu lieu, quarante ans durant, de « norme républicaine » ou de « cercle de la raison ». Ce mouvement se cristallise autour des forces populistes qui ont épousé les causes de l'euroscepticisme, du souverainisme national, du protectionnisme, de l'affirmation identitaire et de la défense des frontières contre l'immigration, c'est-à-dire l'exacte antithèse de la doxa qui servait de toile de fond au contrat des décennies précédentes. Cette révolution idéologique, dont l'historien Daniel Lindenberg avait identifié les différents répertoires au seuil des années 2000[1], n'est pas sortie de nulle part. Elle s'est nourrie des défaillances du système antérieur : des pouvoirs publics qui, incapables d'imposer des réformes de justice, ont laissé prospérer toutes sortes de rentes ; une construction européenne largement dysfonctionnelle et éloignée des peuples qui la composent ; une mondialisation économique et financière en quête de profits invraisemblables et indifférente aux coûts sociaux de son déploiement…

En embrassant ces mouvements populistes ou simplement en leur apportant leurs suffrages, de larges segments des catégories populaires et des classes moyennes inférieures disent aujourd'hui leur sentiment d'abandon. En retour, ces mouvements tiennent à leur disposition la liste des ennemis à combattre : actionnaires cupides, bobos égoïstes, technocrates méprisants, musulmans hostiles, immigrés menaçants… Et, bien sûr, toutes les figures d'un establishment politique réputé incapable, corrompu et complice du désarmement de la souveraineté populaire.

Ces inimitiés figurent, en tout ou partie, au cœur du répertoire des nombreux courants populistes qui émaillent l'actualité politique européenne depuis une dizaine d'années, du Jobbik hongrois au Vlaams Belang belge en passant par le Parti du peuple au Danemark, le Parti du progrès en Norvège, la Ligue du Nord en Italie, l'UDC en Suisse, le Parti de la liberté de

1. Daniel Lindenberg, *Le Rappel à l'ordre. Enquête sur les nouveaux réactionnaires*, Paris, Seuil, « La République des idées », 2002. Ce pamphlet qui déclencha la querelle des « nouveaux réactionnaires » fut abondamment critiqué pour sa méthode et quelques-unes des figures qu'il ciblait, mais il ne fait pas de doute qu'il voyait juste sur les différents registres du retournement idéologique et moral qui s'amorçait.

Geert Wilders aux Pays-Bas, le PIS en Pologne, l'UKIP en Grande-Bretagne, les « Vrais Finlandais »... Chacun de ces partis occupe une fonction de transgression de l'ordre politique présenté comme dominant et propose d'incarner une rupture radicale au nom de l'intérêt national retrouvé. Ils sont aujourd'hui le principal visage de l'insoumission politique.

En France, c'est naturellement le Front national qui tient le rôle. Après l'essoufflement qu'il avait connu en 2007, ce parti a retrouvé des couleurs sous la conduite de sa nouvelle patronne, Marine Le Pen. En apparence, le changement de génération est sensible. Dans le Front national de Jean-Marie Le Pen, les vestiges poussiéreux de la réaction contre-révolutionnaire et ultramontaine côtoyaient des réminiscences vichystes, un antisémitisme à peine contenu, des prurits révisionnistes chroniques, le ressentiment des perdants de la décolonisation et de l'Algérie française, la phobie des « Arabes », etc. Derrière l'éloquence à la fois désuète et vulgairement transgressive du père, on percevait toute une bibliothèque de souvenirs douloureux mais tristement familiers.

Marine Le Pen a cherché à modifier le style comme l'idéologie du parti frontiste en le situant à l'intersection de toutes les récriminations contre l'ordre idéologique dominant des décennies passées. C'est particulièrement sensible en matière économique et sociale. Le national-libéralisme du père, teinté d'une révolte antifiscale d'inspiration poujadiste et d'un antiétatisme de type reaganien, a été jeté aux orties. Le Front national fait désormais l'apologie de l'intervention publique, appelle de ses vœux un « État stratège » d'inspiration colbertiste, réhabilite l'« arme de l'impôt », réclame un « protectionnisme raisonné » aux frontières du pays, adossé à une « nouvelle technologie douanière[1] »... Il cherche les suffrages de celles et ceux dont la mondialisation a fragilisé la situation en leur promettant le retour des protections perdues.

De la même façon, Marine Le Pen a donné à la lutte contre l'intégration européenne une place quasi obsessionnelle : Bruxelles est désignée comme le cheval de Troie de la mondialisation néolibérale qui œuvre à la destruction méthodique de la souveraineté nationale. Mais elle ne se contente pas de dénoncer et de protester. Pour redonner à la France sa pleine souveraineté monétaire, elle demande la sortie de l'euro et en planifie le scénario[2].

En réalité, si ce « nouveau FN » prend ses distances avec une extrême droite antisémite, ultracatholique et antirépublicaine, c'est pour renouer avec une autre tradition de l'extrême droite française, comme le montre bien l'historien Grégoire Kauffmann[3]. Le mélange de sollicitude sociale et d'exclusions agressives qui caractérise le parti de Marine Le

1. Selon son programme de 2012 – le seul connu au moment où ce livre est écrit –, les droits de douane seraient ainsi imposés aux pays exportateurs qui pratiquent un dumping salarial, sanitaire ou environnemental, et sur les produits de secteurs particulièrement sinistrés. Mais ces droits pourraient ensuite constituer des crédits d'achat de produits français « à due concurrence », notamment dans le domaine agricole.

2. La France prendrait l'initiative d'une concertation avec ses partenaires européens pour leur proposer de sortir ensemble de l'euro. Si elle n'était pas suivie, elle passerait à l'acte seule. Dans un premier temps, le franc serait tenu à une parité 1 euro = 1 franc. Puis, une dévaluation de 20 % à 25 % serait mise en œuvre, ce qui aurait pour effet, selon le FN, de favoriser les exportations françaises et de relancer la croissance. Si le franc, désormais privé de l'appui de ses partenaires, était attaqué sur les marchés financiers, la présidente du FN le laisserait flotter ou recourrait au contrôle des changes.

3. Grégoire Kauffmann, *Le Nouveau FN*, Paris, Seuil, « La République des idées », 2016.

Pen puise aux sources un peu oubliées d'un « jacobinisme d'exclusion mâtiné de xénophobie » et d'un boulangisme cultivant une idée à la fois autoritaire, sociale, plébiscitaire et antibourgeoise de la République[1]. Certains écrivains comme Maurice Barrès, venu du socialisme, plaidaient déjà en leur temps pour un nationalisme à connotation sociale. Dans son pamphlet, *Contre les étrangers* (1893), il entendait se serrer auprès des plus faibles pour dérouler un programme visant à « protéger l'ouvrier [français] contre l'invasion des ouvriers étrangers qui augmentent les chômages [sic] et abaissent les salaires[2] ». Bref, en jetant un peu de terre sur les vieilles lunes contre-révolutionnaires et l'antisémitisme du père, le social-nationalisme de Marine Le Pen ne l'a pas tant éloignée que cela du patrimoine idéologique de l'extrême droite française et l'a certainement rapprochée des publics les plus en colère contre la marche du monde et les plus impatients de mettre à bas le « système ».

Par ailleurs, les continuités avec le parti du père restent nombreuses et, là encore, en phase avec le mécontentement ambiant. À commencer, bien sûr, par les attaques contre l'« immigration de masse » : contre toutes les évidences statistiques, le FN continue de décrire la France comme un pays envahi par des étrangers pesant sur ses dettes sociale et publique, et de dénoncer une « politique de peuplement par l'immigration ». Ce rejet des immigrés fait système avec une xénophobie lancinante qui se glisse volontiers dans les habits de l'islamophobie, voire dans ceux d'une laïcité désormais

1. *Ibid.*
2. Maurice Barrès, *Contre les étrangers. Étude pour la protection des ouvriers français*, Paris, Grande Imprimerie parisienne, 1893.

brandie comme un rempart contre les forces d'« occupation » des musulmans priant au milieu des rues.

Par opposition au monde ouvert et fluide dont rêvaient les apôtres non seulement de la mondialisation, mais de l'intégration européenne, le programme du Front national est un long éloge du retour aux frontières, qu'elles soient économiques, géographiques ou culturelles. Cette rupture radicale avec le paradigme de la société ouverte recueille d'ailleurs logiquement les suffrages des électeurs les plus ethnocentristes. En s'appuyant sur les données de la Commission nationale consultative des droits de l'homme (CNCDH), la politiste Nonna Mayer[1] a ainsi établi que les sympathisants frontistes sont de très loin les plus ethnocentristes du paysage politique. Le racisme assumé, « à l'ancienne », est beaucoup plus présent dans les rangs du FN que partout ailleurs dans le paysage politique. Ainsi, la proportion de personnes qui croient encore en l'existence de races humaines atteint 36 % chez les sympathisants frontistes (contre 11 % en moyenne dans l'ensemble de la population), tandis que 82 % de ces sympathisants se disent ouvertement racistes.

La dédiabolisation du FN relève donc assez largement des apparences. Sa vérité se situe toujours du côté des grandes constantes d'un populisme agressif, et notamment de la triple simplification qui, selon Pierre Rosanvallon, caractérise ce type de mouvements[2]. Une simplification politique et sociologique : le Front national parle au nom d'un peuple considéré comme un « sujet évident », défini par opposition

1. Voir Nonna Mayer, « Le mythe de la dédiabolisation du FN », *La Vie des idées*, 4 décembre 2015.

2. Pierre Rosanvallon, « Penser le populisme », *La Vie des idées*, 27 septembre 2011.

aux élites, comme s'il était « la partie saine et unifiée d'une société qui ferait naturellement bloc dès lors que l'on aurait donné congé aux groupes cosmopolites et aux oligarchies[1] ». Une simplification procédurale et institutionnelle, ensuite : il dénonce le système représentatif et la démocratie car l'un et l'autre seraient corrompus par les politiciens ou bloqués par les corps intermédiaires et les différentes autorités de régulation qui empêcheraient la *vox populi* de se faire entendre. Marine Le Pen est ainsi déterminée à supprimer le Conseil constitutionnel dont les prérogatives en matière de contrôle de constitutionnalité lui semblent de nature à brider la souveraineté du peuple. Une simplification dans la conception du lien social, enfin : pour les populistes, la cohésion d'une société réside non pas dans la « qualité interne des rapports sociaux », mais dans une identité définie négativement, par opposition aux groupes sociaux désignés à la vindicte populaire, qu'il s'agisse des immigrés ou de ceux qui ont une autre religion.

Au total, la radicalité populiste propose une rupture qui consiste davantage dans un rétrécissement et un appauvrissement de la vie démocratique que dans son renouvellement. Elle y enrôle d'abord les voix de celles et ceux qui regrettent le monde ancien, réel ou mythifié. Si Marine Le Pen a bien élargi l'assiette de son mouvement à un électorat moins extrême et moins classiquement « droitier » – elle recrute beaucoup plus que son père dans le vivier des « ni gauche ni droite » –, ce n'est pas tant une condition sociale qui unifie ces publics que leur intolérance commune (« il y a trop d'immigrés », « on ne se sent plus chez soi », etc.). Quant aux ouvriers, qui restent les principaux pourvoyeurs de voix du Front national, ce sont

1. *Ibid.*

moins les précaires et les non-qualifiés qui se tournent vers cette offre politique (ceux-là préfèrent souvent l'abstention), que ceux qui ont « quelque chose à perdre » : ainsi, en 2012, le score de Marine Le Pen a dépassé 30 % « chez les ouvriers qualifiés, les titulaires d'un diplôme professionnel, ceux qui ont une voiture, sont propriétaires de leur logement, bref, ceux qui ont accumulé un petit capital économique et culturel et qui craignent de le perdre, qui ont peur de descendre une échelle sociale qu'ils ont eu du mal à grimper[1] ».

Le FN trouve son public dans les catégories de la population *a priori* les plus éloignées de la quête d'autonomie observée dans les deux premières parties de ce livre. Du dépérissement des équilibres de la société salariale l'offre frontiste capte surtout l'amertume des déçus et la rage des perdants. Loin de participer au mouvement de la société postsalariale, ces catégories plébiscitent au contraire un « retour à l'ordre » et une restauration des rapports d'autorité dans la plupart des secteurs de la vie sociale. La critique individualiste du capitalisme qui stimule l'imagination sociale d'un grand nombre de travailleurs et de consommateurs porte moins ici qu'une critique sociale antimoderne qui a racheté à peu de frais la représentation des opprimés, des sédentaires, des peu qualifiés, ou plus exactement de ceux d'entre eux qui revendiquent leur appartenance à une France autochtone et non musulmane. Au total, l'insoumission frontiste procède davantage d'une demande de protection et d'autorité que d'une demande de liberté individuelle et d'émancipation.

1. Sylvain Crépon, Alexandre Dézé et Nonna Mayer (dir.), *Les Faux-semblants du Front national*, Paris, Presses de Sciences Po, 2015.

Le FN n'est pas le seul à tenter de mobiliser les énergies de l'insoumission politique contemporaine. Jean-Luc Mélenchon en a fait, lui aussi, son fonds de commerce et même son slogan de campagne (« La France insoumise »). Sur l'islam, la famille ou encore l'écologie, il présente un profil idéologique très différent et même antagoniste à celui du FN, mais il puise aux sources d'un jacobinisme autoritaire et d'une critique systématique de l'intégration européenne des éléments de radicalisation qui croisent en plusieurs points le terrain de chasse de Marine Le Pen.

Le tribun de gauche n'hésite plus à flatter un certain conservatisme ouvrier quand il déclare, à propos de l'Europe et de « sa violence sociale », que « le travailleur détaché vole son pain aux travailleurs qui se trouvent sur place[1] ». Il serait sans doute exagéré de dire que Jean-Luc Mélenchon trie ainsi entre les opprimés qui méritent notre compassion et ceux qui ne la méritent pas. Mais ces accents renouent, de façon beaucoup plus stigmatisante, avec la vieille analyse d'inspiration léniniste selon laquelle l'immigration de travail est le fait d'un capitalisme qui cherche à faire baisser les salaires ouvriers en constituant une « armée de réserve » de chômeurs et de main-d'œuvre sous-employée, et en brisant les solidarités de la classe ouvrière, voire en attisant dans le monde populaire autochtone une xénophobie qui le divise un peu plus.

Ce raisonnement a eu longtemps droit de cité dans les rangs d'organisations comme la CGT ou le Parti communiste : si, comme l'a rappelé la politiste et historienne Suzanne

1. Jean-Luc Mélenchon, Déclaration au Parlement européen, 5 juillet 2016.

Berger[1], la hiérarchie de ces organisations a le plus souvent choisi la voie de l'internationalisme et de la solidarité avec les immigrés, elles ont compté à leur base de nombreux défenseurs d'un protectionnisme ouvrier peu amène à l'égard de la main-d'œuvre étrangère.

À la toute fin du XXe siècle, les sociologues Stéphane Beaud et Michel Pialoux voient ressurgir le « racisme ouvrier » dans leur enquête aux usines Peugeot de Sochaux-Montbéliard. Alors même que le vote FN progresse dans les villes ouvrières de la région, ils constatent que le vote CGT augmente dans les usines. Cette coïncidence n'est pas fortuite. Les sociologues décrivent, sur ce sujet, des attitudes de plus en plus clivées entre le monde de l'usine et le monde extérieur : « La cristallisation raciste en milieu populaire se fixe moins sur le comportement des parents immigrés à l'usine que sur celui de leurs enfants à l'extérieur[2]. » Les tensions racistes épousent également des clivages générationnels : les ouvriers les plus jeunes, qui sont aussi souvent les plus précarisés, sont les plus disposés au rejet des immigrés. Dans ce contexte, il n'est plus nécessaire, si cela a jamais été le cas, d'avoir en tête les développements de John Hobson ou du Lénine de *L'Impérialisme, stade suprême du capitalisme* (1916) pour étayer le refus de l'immigration. Chez les travailleurs les plus modestes, en emploi mais menacés par le chômage, l'insécurité professionnelle se noue de plus

1. Suzanne Berger, *Notre première mondialisation. Leçons d'un échec oublié*, Paris, Seuil, « La République des idées », 2005.

2. Stéphane Beaud et Michel Pialoux, *Retour sur la condition ouvrière. Enquête aux usines Peugeot de Sochaux-Montbéliard* (1999), Paris, La Découverte, 2012, p. 363.

en plus à ce que le politiste Laurent Bouvet qualifierait sans doute d'« insécurité culturelle » pour réarmer les réflexes xénophobes, nourrir le procès de l'Europe et du « mondialisme », et aiguiser un antagonisme ravageur au sein même des classes populaires.

S'ils restent peu nombreux, les points de convergence entre le mouvement emmené par Jean-Luc Mélenchon et le Front national de Marine Le Pen sont de plus en plus sensibles. Ces effets de voisinage se retrouvent sous d'autres chapitres thématiques, qu'il s'agisse de la mondialisation, du capitalisme financier ou de l'Europe. Sur ce dernier point, le leader du Parti de gauche qui avait fait preuve d'une certaine prudence jusqu'ici, s'alignant sur le légitimisme du Parti communiste en la matière, a récemment rompu les amarres : « L'Europe, on la change ou on la quitte », déclare-t-il en juin 2016 comme en écho à un vieux slogan de la droite (« La France, tu l'aimes ou tu la quittes »). En se présentant comme le candidat de la « sortie des traités », il cherche à se mettre dans la roue des « brexiters » britanniques[1].

Ces forces politiques pourraient réunir demain près de deux électeurs sur cinq. Si l'on en croit les tendances dégagées par les sondages les plus récents, c'est leur potentiel électoral actuel. Bien sûr, il n'est pas raisonnable de le présenter ainsi, de façon agrégée, aucune alliance politique n'étant envisagée

1. La sympathie affichée à l'égard de la Russie de Vladimir Poutine est un autre marqueur d'une proximité objective avec le Front national et de la radicalisation du Parti de gauche. Cette attitude est sous-tendue par un faisceau de facteurs qui résume assez bien le tronc commun de la philosophie des populismes français. Le régime de Vladimir Poutine concentre en effet une grande partie de leurs combats : le souverainisme autoritaire, l'illibéralisme, l'antiaméricanisme, l'euroscepticisme.

ni même envisageable en l'état. Non seulement la famille et l'islam, mais encore l'écologie, le féminisme et bien d'autres questions de société font obstacle à un tel rapprochement. Mais le succès rencontré aujourd'hui par ces offres idéologiques leur assure une capacité d'influence croissante sur l'agenda des autres formations politiques qui cherchent, elles aussi, à capter l'énergie de cette radicalisation des esprits. On le voit depuis longtemps à l'influence qu'exerce le Front national sur la droite de gouvernement en matière d'immigration, d'accès à la nationalité ou de traitement de l'islam. On le voit aussi, depuis peu, à la radicalisation des propositions de nombreux responsables politiques conservateurs en ce qui concerne les institutions démocratiques, qu'il s'agisse d'élargir la pratique du référendum pour restaurer l'autorité d'une souveraineté populaire supposée bafouée ou de réduire le rôle et la place des corps intermédiaires, à commencer par ceux des syndicats.

La vie politique nationale est devenue le théâtre d'un puissant processus de radicalisation qui déstabilise la bipartition du paysage électoral des dernières décennies du XXe siècle et compromet le jeu des alternances entre centre droit et centre gauche. Les deux principaux mouvements sociaux de ces dernières années auront clairement illustré cette polarisation croissante de la scène démocratique : la « Manif pour tous », d'un côté, les mobilisations contre la « loi travail » et Nuit debout, de l'autre. La première a remis en scène un catholicisme intransigeant et des forces de défense de la famille traditionnelle qui avaient plus ou moins disparu du débat public ces dernières décennies. Les secondes ont donné naissance à une mobilisation d'un nouveau type, inscrite dans le « mouvement des places », qui ambitionne de refonder radicalement la vie démocratique et reprend à son compte le procès des « oligarchies », voire de la nouvelle « aristocratie » qui s'enveloppe dans la légitimité du suffrage. Le moins que l'on puisse dire, c'est que les rives du débat ne cessent de s'écarter, alimentant une montée continue de la conflictualité politique et, avec elle, des antagonismes qui parcourent la société.

Il convient cependant de ne pas jeter toutes les radicalités dans le même sac. Contrairement à la Manif pour tous, les partisans de Nuit debout ne jugent pas les rapports sociaux à la lumière d'un arrière-monde perdu ou d'un droit naturel inscrit de toute éternité dans une révélation religieuse : ils s'aventurent au contraire sur les terrains escarpés de l'innovation politique et sociale, et cherchent de façon plus ou moins convaincante des alternatives au monde comme il va. Ils s'emparent d'espaces urbains non seulement pour protester, mais pour en faire des lieux de vie, des vitrines vivantes d'autres rapports sociaux qui s'inventent en acte. Ils ne descellent pas les pavés des places pour dresser des barricades, mais pour planter des potagers dans la ville. Investissant le champ de la réflexion et de la délibération, ils réfléchissent aux moyens de mettre sur pied une politique non professionnelle et de contourner l'hégémonie du modèle électoral-représentatif pour casser le « principe aristocratique » qui conduit à consacrer toujours la même petite élite. Comme leurs devanciers espagnols, les *indignados* de la Puerta del Sol, ils cherchent les voies d'une organisation plus décentralisée et plus horizontale, faisant appel à la démocratie directe et participative ; comme eux, ils nourrissent l'idée d'une liberté positive qui se réaliserait dans la capacité du citoyen de gouverner et d'être gouverné par ses concitoyens : la liberté civique des anciens plutôt que la liberté juridique des modernes, en quelque sorte[1]. Ils contestent eux aussi le système politique en place, mais contrairement à celle du FN ou de la Manif pour tous, leur contestation ne fait pas signe en direction d'une demande d'ordre et d'autorité, mais bien plutôt en direction d'une quête d'autonomie collective.

On peut certes sourire de ces mouvements qui se heurtent et se heurteront inévitablement au principe de réalité des relations de pouvoir : si l'on veut peser dans les choix collectifs de la cité, on ne fait pas longtemps l'économie d'un leadership et d'une représentation unitaire. On peut aussi se gausser du faible nombre de participants et de la forte segmentation sociologique dont ils témoignent : on chercherait vainement sur ces places, en France, les représentants de la jeunesse des zones urbaines sensibles ou des salariés des PME du secteur privé. Mais on aurait tort de sous-estimer la valeur de ces mobilisations. Du mouvement des « places » aux « zadistes » en passant par certains courants activistes de l'écologie politique se joue plus qu'une simple agitation circonstancielle. Leur investissement réflexif sème les graines de mutations et de mouvements futurs. Ils ont également réussi à rassembler des populations dont l'histoire a souvent prouvé qu'elles jouaient un rôle clé dans les moments de rupture, ceux que le sociologue allemand Karl Mannheim appelait, en 1927, les « intellectuels socialement désamarrés[2] » : ce sont aujourd'hui de jeunes trentenaires très qualifiés, sans

1. Sur la philosophie politique des *Indignados* espagnols, voir Eva Botella-Ordinas, « La démocratie directe de la Puerta del Sol », *La Vie des idées*, 24 mai 2011.

2. Voir Karl Mannheim, *La Pensée conservatrice* (1927), Trocy-en-Multien, Éditions de la revue *Conférence*, 2009, p. 86. D'autres, comme Maurras, ont pu parler de « prolétariat intellectuel ».

emploi ou surqualifiés pour les emplois qu'ils occupent, des « intellos précaires », des diplômés déclassés...

La radicalité n'est évidemment pas un mal en soi. Il y a lieu aujourd'hui de s'interroger *radicalement* sur toute une série de sujets, c'est-à-dire de les examiner « à la racine » pour interroger leurs premiers principes : des dérives tragiques du capitalisme financiarisé à la fatigue démocratique des sociétés développées, les objets ne manquent pas. Il reste que « penser radicalement » n'est pas « agir radicalement ». Or, les processus de radicalisation à l'œuvre aujourd'hui peuvent aussi conduire à des formes d'engagement en marge de la légalité, voire à des actions violentes. Toute une série d'événements récents incitent à redouter non seulement un durcissement des tensions et des clivages politiques, mais une montée des comportements transgressifs, avec le lot de réactions autoritaires que ces phénomènes ne manqueraient pas d'entraîner.

La controverse autour de l'écotaxe, qui cristallise au mois d'octobre 2013 la colère des agriculteurs bretons et conduit à de violents affrontements avec les « bonnets rouges », reste emblématique d'une mise en échec de l'autorité des pouvoirs publics. Après six ans de délibération, de concertation, d'étude et un vote quasi unanime au Parlement, le projet a finalement été suspendu pour mettre fin aux tensions : le veto local s'est avéré fatal à une mesure pourtant entourée de toutes les garanties de légitimité.

Les pouvoirs locaux ne sont d'ailleurs pas toujours étrangers à ces rapports orageux avec la légalité. Quelques mois plus tard, la fronde de nombreux maires à propos de la réforme des rythmes scolaires manque de produire les mêmes effets : cette réforme débattue pendant la campagne électorale de 2012, soutenue par la grande majorité des experts chronobiologistes et faisant l'objet d'un assez large consensus dans la communauté éducative, se heurte à l'hostilité locale de plusieurs municipalités. Comme lors du débat sur le « mariage pour tous », et comme plus tard au sujet de l'interdiction des « arrêtés antiburkini » par le Conseil d'État, des maires vont jusqu'à menacer de ne pas appliquer la loi.

Mais c'est à l'ultragauche du spectre politique que se font jour de véritables tentations séparatistes. À Notre-Dame-des-Landes, sur le site qui devrait accueillir le second aéroport de l'agglomération nantaise – une initiative dont l'opportunité est à beaucoup d'égards très discutable –, des « zadistes » font obstacle à la réalisation du projet, y compris après le référendum départemental qui l'a approuvé à une large majorité. Comme à Sivens, où leurs homologues ont réussi à compromettre la réalisation d'un barrage et où ils ont perdu l'un des leurs – Rémi Fraisse –, ils ont fait du site de Notre-Dame-des-Landes un lieu de vie alternatif. Le « zadisme » se présente ainsi comme un projet de contre-société organisé sous forme d'enclaves plus ou moins soustraites au droit commun et aux institutions.

Les affrontements qui ont émaillé les nombreux mouvements d'opposition à la « loi travail », assortis de blocages, de dégradations de toutes sortes, d'agressions des forces de l'ordre et de violences policières tout aussi spectaculaires, témoignent eux aussi de la détérioration en cours. Les « black blocs », « indés » et autres autonomes de l'ultragauche s'infiltrent dans les manifestations pour en découdre avec l'« État répressif » et la « mondialisation libérale » dont il est, à leurs yeux, l'agent actif et soumis. « Un flic, une balle : justice sociale » est l'un de leurs slogans. Mêlant des références anarchistes, nihilistes et marxistes, ils recourent volontiers à des stratégies de harcèlement et de montée des tensions. Comme le faisait observer récemment le politiste et spécialiste de l'Italie contemporaine Marc Lazar, ces situations ne sont pas sans rappeler celles qui avaient précédé les « années de plomb » dans l'Italie des années 1970[1].

Ces exemples témoignent de l'actualité de la désobéissance civile, voire de comportements de rupture avec la loi commune. Ils traduisent plus largement la progressive détérioration du cadre collectif à l'intérieur duquel nous nous donnons les moyens de nous gouverner collectivement. Ils sont les expressions ultimes et préoccupantes de l'insubordination ambiante.

1. Marc Lazar, « L'ultragauche est engagée dans une logique de "confrontation avec l'État" », *Le Monde*, 20 juin 2016.

Conclusion

Une politique de l'autonomie

Le contrat social forgé dans les décennies d'après-guerre reposait sur l'étroite articulation de la société salariale, de la consommation de masse et d'une vie démocratique expurgée de ses composantes les plus radicales. Ses réalisations ont été spectaculaires : il a permis de généraliser les protections liées au salariat, d'étendre largement le bénéfice des assurances sociales et de l'accès à l'éducation, d'ouvrir au grand nombre les portes d'une société d'abondance et de pacifier la vie démocratique. Ce faisant, il a considérablement accru l'autonomie réelle des individus : plus sécurisés, plus éduqués et moins dépendants des solidarités de proximité, les Français de la seconde moitié du XXe siècle ont joui d'une liberté et d'un confort que la grande majorité de leurs devanciers n'avait jamais connus.

Le paradoxe hexagonal est que cette liberté et cette autonomie ont été conquises grâce au déploiement de l'État et d'un tissu d'institutions qui exigeaient d'eux, en même temps, la soumission à de nombreuses disciplines et régularités : des institutions sociales (assurances sociales, statuts d'emploi, solidarités fiscales...), mais aussi des institutions politiques et bureaucratiques qui, renforcées par l'obsession exécutive de la Ve République, ont consacré la centralité de l'État administratif et modernisateur.

Faute d'honorer ses promesses de sécurité, de croissance, de méritocratie et de progrès, ce modèle a progressivement cessé de fonctionner depuis deux ou trois décennies. Ce faisant, il a libéré des peurs de déliaison et d'abandon dans de larges secteurs de la société. Mais il a également ouvert la voie à des demandes d'autonomie d'un nouveau type, car c'est précisément le moment où la tolérance aux disciplines et aux différentes formes de subordination commençait à reculer presque partout. Par une sorte d'inertie ou de paresse collective, il impose encore ses codes et son langage à nos débats, mais les expériences vécues comme les imaginaires se sont peu à peu éloignés du modèle initial : les mots et les choses ont lentement divorcé.

Nous sommes entrés sans le dire dans l'ère de sa contestation. Un nombre croissant de travailleurs, de consommateurs et de citoyens refusent de continuer à être les petits soldats disciplinés de l'ordre social hérité des Trente Glorieuses. Ils cherchent à en briser les cadres et à s'affranchir des disciplines qu'il impliquait. Ils n'en sont plus, comme naguère encore, à l'expression de leur mécontentement. Beaucoup d'entre eux sont passés à l'action, sous des formes qui vont du retrait clandestin à la désobéissance assumée en passant par toutes les variantes d'une insoumission qui peut aussi prendre le visage d'une souveraine indifférence aux règles collectives.

Mais, faute d'un nouveau cadre collectif qui permettrait d'articuler et de concilier leurs aspirations, ils poussent dans des directions souvent opposées. La forte demande d'autonomie qui parcourt le monde du travail, la quête d'authenticité et de singularité qui caractérise l'évolution des échanges marchands, et la radicalisation de notre scène démocratique qui rompt avec la relative docilité politique des décennies passées : ces trois tendances sont loin de faire cause commune.

La liberté recherchée par les consommateurs n'est pas spontanément cohérente avec celle à laquelle aspirent les nouveaux actifs. Leurs intérêts ne se recoupent plus spontanément, comme ce fut le cas au temps des Trente Glorieuses. Parmi les usagers quotidiens du e-commerce, y compris parmi les plus sensibles aux enjeux écologiques et sanitaires, peu s'interrogent sur les conséquences économiques de leurs choix sur la vie des travailleurs ; peu se demandent ce qu'il advient de l'emploi et de l'activité quand ils achètent d'occasion, troquent ou court-circuitent les intermédiaires historiques ; peu s'inquiètent des pratiques fiscales des grandes plateformes qu'ils utilisent régulièrement pour entrer en relation les uns avec les autres, et du manque à gagner qui en résulte pour les grands dispositifs de solidarité dont ils profitent par ailleurs. La « cité du travailleur » et la « cité du consommateur » s'opposent de plus en plus l'une à l'autre[1].

Au sein même de la « cité du travailleur », les contradictions ne manquent pas. Les slashers, les hackers et les nouveaux entrepreneurs en quête d'autonomie se soucient peu, de leur côté, du sort des perdants qui grossissent aujourd'hui les rangs des électorats populistes. Ils ne s'interrogent pas sur le destin des peu qualifiés qui n'ont, eux, quasiment aucun espoir d'indépendance. Pour les uns, la sortie du salariat est une chance, un souffle de liberté ; pour les autres, c'est un

1. C'est le thème du livre très suggestif de Pierre-Yves Gomez, *Intelligence du travail*, Paris, Desclée de Brouwer, 2016.

drame, un échec. Pour les uns, la mobilité est un idéal ; pour les autres, une épreuve. Le monde du travailleur émancipé s'oppose ainsi à celui du travailleur précarisé.

La contradiction principale épouse cependant une autre ligne de clivage, plus profonde et sans doute plus dramatique. Elle oppose en effet les insoumissions créatives et dynamiques, tirées par une quête de liberté et d'émancipation, aux insoumissions réactives et conservatrices, poussées par une demande contraire d'ordre et d'autorité. D'un côté, la société manifeste sa capacité d'innovation et de transformation : elle bouillonne d'initiatives plus ou moins abouties et formalisées pour recomposer les relations d'échange et de coopération, tisser de nouveaux liens sociaux, renouveler les modes et les arts de vivre, ainsi que les formes d'association et les moyens de se gouverner collectivement. Dans les mondes du travail et de la consommation, la révolution numérique et le déploiement des grandes plateformes ont ainsi redonné des ailes à une imagination sociale que l'on croyait à tort assoupie. Et, quoique très minoritaires et encore tâtonnants, les mouvements des « places » cherchent, dans l'expérimentation d'une démocratie à la fois plus directe et plus participative, le chemin d'un renouveau de la liberté positive et de la citoyenneté.

Il n'en va pas de même dans le champ électoral-représentatif où la contestation prend la forme non seulement de l'abstention, mais du vote extrême et de comportements de rejet. Là, le vent d'insoumission gonfle d'abord les voiles d'un populisme qui n'a rien d'autre à vendre qu'une protestation venue du passé et tournée vers lui : une forme d'élégie enragée, le regret fait programme. Loin d'accompagner le désir d'un nombre croissant d'actifs de s'émanciper du cadre dans lequel les sociétés industrielles ont enfermé le travail, le Front national flatte la nostalgie pour les équilibres rompus de la société salariale. Il entretient l'idée fausse qu'un surcroît d'autorité et de souveraineté permettrait de s'abstraire de la mondialisation pour revenir au *statu quo ante*. Dans le champ démocratique, à rebours d'un modèle plus délibératif et continu, le Front national cherche le chemin d'une démocratie plus plébiscitaire à travers la promotion du référendum d'initiative populaire sur le modèle suisse ou californien et le rétrécissement des formes de légitimité non électorales.

Loin d'encourager les segments de la société les plus créatifs et de rechercher leur rapprochement avec les catégories populaires les plus insécurisées, le Front national s'est délibérément installé aux antipodes des transformations en cours. L'insoumission politique et la révolte souverainiste qu'il incarne aux yeux de ses électeurs contrarient bien des formes actuelles de l'insubordination sociale et de l'aspiration à l'autonomie. Elles opposent à la vitalité de la société le culte crispé de l'autorité et de la souveraineté, et aux porteurs du changement, les peurs et les craintes des perdants.

Cette tension entre les insoumissions créatives et les insoumissions réactives reflète les contrastes de la France contemporaine : d'un côté, une société inventive et dynamique, largement métropolitaine, guidée par un nouvel idéal du travail et des échanges ; de l'autre, un pays tétanisé par la peur du déclin, hanté par l'insécurité sociale et culturelle, et, semble-t-il, impatient d'en découdre avec le « système » et ses divers représentants. D'un côté, une intolérance croissante aux disciplines de tous ordres ; de l'autre, une puissante demande de retour à l'ordre.

Ce sont malheureusement les peurs qui l'emportent sur la scène publique, et avec eux les tenants d'une lecture accusatrice du monde : l'heure serait à la revanche de la « France d'en bas », des périphéries, des sédentaires... Des essayistes à succès font désormais des gammes sur ce thème. Et ils n'ont pas complètement tort : le mépris de classe qu'éprouvent les urbains intégrés et qualifiés pour le reste de la société n'est pas une vue de l'esprit. En même temps, les défenseurs de cette « France d'en bas » ne sont pas les derniers à caricaturer leur objet : la recherche de nouveaux liens sociaux et la demande d'authenticité ne sont pas le monopole des urbains qualifiés ; la méfiance à l'égard du « Big business », qui anime le consommateur critique, est largement partagée dans les milieux populaires et les petites classes moyennes ; et la demande de sécurité qui prévaut dans une grande partie de ces catégories et de ces territoires n'est pas exclusive d'une quête de liberté où puisse se réaliser pour soi-même la norme d'autonomie et de construction de soi de l'individualisme contemporain.

Le drame de la crise populiste actuelle est qu'elle défigure la société à qui elle prétend redonner la parole et qu'elle met à l'agenda politique un réarmement des rapports d'autorité et une culture disciplinaire qui sont précisément la cause de tant de frustrations dans la vie quotidienne des travailleurs, de tant d'errements dans le management des entreprises et des administrations, et de tant de conflits dans les relations sociales. Pour ne rien dire des dégâts causés pour ces mêmes raisons dans l'éducation des enfants. Les « reprises en main » et autres « rappels à l'ordre » ne sont pas de nature à restaurer la confiance qui fait tellement défaut à notre pays : les mêmes causes produisant les mêmes effets, ils la compromettront davantage encore.

La cité démocratique voit ainsi s'affirmer des résistances qui non seulement empêchent de penser et d'accompagner les transformations de la société, mais qui finissent par appauvrir et dénaturer la démocratie elle-même si l'on n'y prend garde. Cette tension est le cœur du drame français. Loin d'être une fièvre passagère et circonstancielle, le populisme et les passions identitaires et autoritaires qu'il chevauche s'imposent désormais comme une dimension structurelle de notre paysage politique. Contre la « critique artiste » du capitalisme qui refleurit au cœur de nos métropoles chez les travailleurs frondeurs et les consommateurs rebelles, les populistes ont ramassé l'étendard de sa « critique sociale ». Un étendard que les autres forces en présence avaient, il faut bien le dire, largement abandonné. Ce sont les populistes aujourd'hui, Front national en tête, qui parlent pour les opprimés, les petits, les sans-grade, comme disait Jean-Marie Le Pen au soir du premier tour de l'élection présidentielle le 21 avril 2002. Ce sont eux qui leur désignent leurs ennemis : les banquiers, les immigrés, les travailleurs détachés, les technocrates de Bruxelles, etc. Sans que les sociaux-démocrates s'en rendent réellement compte, ce sont les populistes qui, aujourd'hui, portent le plus fortement la voix des inégalités et la demande de sécurité. Ce sont eux qui racontent le monde et son exploitation aux plus faibles.

Les progressistes de tous bords se sont fait voler la représentation des plus vulnérables et ils ne savent pas se battre contre leur nouvel adversaire. Ils continuent de l'affronter avec des armes adaptées aux combats d'autrefois : ils le réduisent à sa xénophobie et à son islamophobie, sans voir que c'est lui désormais qui détient le leadership moral non seulement de l'affirmation identitaire, mais de la critique du modèle économique dominant, celle de la « mondialisation financière », de l'« Europe libérale » et du « nouveau capitalisme ». Le FN a ainsi réussi à unir, en une seule figure imaginaire, le Peuple dominé par l'« aristocratie mondialisée » et le Peuple menacé par la « submersion migratoire et culturelle ».

Il ne sert plus à rien d'opposer au Front national et à ceux qui s'en inspirent de près ou de loin un antipopulisme indigné : celui-ci passe au mieux pour une posture moralisatrice ; au pire pour la signature de l'arrogance des élites. Bref, le vieux répertoire de la rhétorique antifasciste est épuisé. C'est sur le terrain d'une refondation idéologique que se joue désormais le combat à long terme contre la menace populiste. Rien n'oblige en effet à considérer comme indépassable la dichotomie entre critique individualiste et critique sociale, entre liberté et égalité, entre demande d'autonomie et demande de protection. D'une certaine manière, la société salariale est née d'un compromis entre les exigences rivales de l'égalité et de la liberté : elle a su réunir les conditions d'une « société de semblables » tout en affranchissant les travailleurs des dépendances de proximité, c'est-à-dire en leur permettant d'accéder à un niveau d'autonomie qu'ils n'avaient jamais connu auparavant. De la même façon, aujourd'hui, la préoccupation centrale des progressistes devrait être de penser, dans un contexte nouveau, une saine articulation entre la lutte pour la sécurité et l'égalité, d'un côté, et la lutte pour le gouvernement de soi-même et l'exercice de la liberté, de l'autre.

Nous en sommes loin. Pour le moment, les progressistes perdent sur les deux tableaux. Ils s'égarent dans une déploration vague des inégalités de revenus et de conditions dont ils ne savent en réalité ni décrire ni combattre les causes. Et ils pensent que la marche vers l'égalité passe principalement par les canaux habituels de la redistribution, s'échinant à corriger *ex post* les disparités sans donner véritablement à chacun les moyens de son indépendance.

Ils ne s'emparent pas non plus des demandes d'autonomie et d'émancipation qui montent du monde du travail qu'ils regardent d'abord comme un risque de déliaison généralisé et de trahison du salariat, célébrant ainsi une condition dont la communauté de destin s'est déjà largement dissoute. Pis, intimidés par les forces réactionnaires qui ont pris en otage le débat public, ils craignent de parler pour celles et ceux qui sont en train d'inventer au quotidien le monde de demain dans les Fab Labs, les hackerspaces, les plateformes collaboratives et, plus largement, dans le grand chaudron créatif des métropoles.

Bref, les représentants du progressisme sont à la fois trop indifférents aux demandes d'autonomie de la critique individualiste et trop éloignés des perdants de la critique sociale, alors qu'ils devraient avoir à cœur de porter la voix de tous les outsiders : celle de l'entrepreneur comme celle du jeune ouvrier précarisé. Pour cela, ils ne doivent pas se contenter de proclamer un impératif général d'égalité qui ne trompe plus personne : ils doivent réviser leur compréhension des inégalités et de l'émancipation.

En France, les inégalités les plus préoccupantes ne sont pas les inégalités de revenu. Les écarts y sont, dans ce domaine, relativement faibles par rapport à de nombreux pays comparables. Et contrairement au refrain ambiant, si l'on met de côté l'essor des très hautes rémunérations, il n'y a pas eu dans notre pays d'« explosion » des inégalités de revenu ces quinze ou vingt dernières années. En revanche, la France connaît des inégalités de rapport à l'avenir particulièrement prononcées et cruelles. Selon sa situation professionnelle, son niveau de qualification, sa position sur le territoire, on ne dispose pas de la même maîtrise de son avenir, on n'exerce pas la même liberté de choix sur sa propre vie.

La roue des opportunités tourne peu ou trop lentement pour beaucoup d'entre nous. L'inégale maîtrise de l'avenir entre les groupes sociaux alimente le sentiment d'une société bloquée, où certains sont assignés à des parcours écrits d'avance et soumis à une prédestination sociale intolérable, tandis que d'autres sont à l'abri ou jouissent d'une mobilité choisie et enrichissante. Cette situation aigrit les rapports sociaux et alimente les ressentiments, en particulier du côté des salariés modestes qui considèrent de plus en plus les « protégés » comme des nantis, les pauvres comme des « assistés » et les compétitifs comme des « égoïstes ».

Cette situation affaiblit l'idée d'une société fluide où le progrès des individus serait indexé sur leurs efforts et leurs talents plus que sur leur origine ou leur héritage. C'est toute la philosophie sociale des classes moyennes, dominante depuis la Libération et largement exportée dans l'ensemble de la société dans la seconde moitié du XXe siècle, qui se trouve aujourd'hui prise en défaut. Et avec elle les principes méritocratiques républicains auxquels elle avait fini par donner consistance et crédibilité contre ceux qui dénonçaient une société de classes où le malheur des uns est perçu comme une variable du bonheur des autres et où le progrès ne peut découler que de confrontations collectives.

Si nous n'y prenons garde, c'est cet édifice de croyance dans le mérite et dans la possibilité de s'élever dans la hiérarchie sociale par son travail et son talent qui sera bientôt emporté, laissant le champ libre à de nouveaux imaginaires de confrontation. Pour éviter cette régression, les progressistes doivent épouser le parti d'une société fluide. Ce pari est difficile quand on n'a pas le soutien d'une forte croissance, car il ne peut être gagné qu'en s'approchant du plein emploi, condition de possibilité et de crédibilité de la méritocratie. En situation de chômage de masse, l'appel à la valeur du travail et de l'effort consiste en effet bien souvent à ajouter la culpabilité au malheur pour les perdants, et à leur demander d'être assez polis pour s'attribuer les causes de leur échec.

Mais cela signifie aussi que la lutte contre les inégalités de rapport à l'avenir n'est pas seulement un enjeu de redistribution monétaire. Elle dépend moins de mesures sociales et d'ajustements fiscaux que de réformes visant à lever les blocages, à casser les rentes et à recréer des chances pour chacun en soutenant fortement l'éducation et la formation. Le problème des inégalités en France n'est pas seulement de redistribuer plus ou moins, mais de redonner à chacun des raisons de croire en l'avenir et en sa capacité à le construire en se gouvernant soi-même.

Il est naturellement encore plus difficile de conduire une politique de lutte contre les inégalités de rapport à l'avenir qu'une politique de lutte contre les inégalités de revenus. Contrairement aux politiques de redistribution qui affectent graduellement les contributeurs nets au jeu de la solidarité, les politiques de lutte contre les inégalités statutaires touchent à l'identité sociale des individus. S'il peut être appréhendé comme un problème et une rupture d'égalité pour la collectivité dans son ensemble, le statut est perçu comme une protection pour soi par ceux qui en bénéficient. Une politique de réduction des inégalités statutaires risque ainsi de faire des perdants déterminés chez ceux qui verront leurs protections historiques s'affaiblir, et des gagnants qui s'ignorent plus ou moins chez ceux qui profiteront, mais après coup, des opportunités ainsi ouvertes. C'est ce que n'ont pas compris tous ceux qui pensent qu'il suffirait, pour réintroduire de la justice dans le jeu social, de mettre en place un contrat de travail unique et d'en finir avec la *summa divisio* entre CDI et CDD, car un contrat de travail unique, à durée indéterminée mais dont les conditions de sortie seraient facilitées, ferait dans l'immédiat beaucoup plus de perdants que de gagnants. *Idem* lorsqu'on libéralise le marché du transport de personnes dans les villes, les gains paraissent moins évidents à court terme que les pertes pour les acteurs installés protégés par la règlementation du marché, en l'occurrence les chauffeurs de taxi. Pour conduire des politiques de ce type, il faut donc s'interroger sur leurs conditions sociales de réussite – et en particulier sur les contreparties pour les perdants des réformes.

Reste que la lutte contre les prédestinations sociales est de nature à réconcilier l'égalité et la liberté, la protection et l'autonomie. Car elle consiste aussi, *in fine*, à faire entrer la liberté dans la vie des pauvres, pour détourner la célèbre formule du militant antifasciste italien Carlo Rosselli à propos du socialisme[1]. Donner davantage de liberté à chacun, à commencer par les plus modestes, devrait être la préoccupation ultime des politiques de progrès. Pour cela, il ne convient pas de regarder comme un désastre ou une regrettable menace sur le salariat les nouvelles formes de relations d'emploi qui émergent à la faveur de la révolution numérique. Il ne convient pas davantage de faire la sourde oreille aux demandes d'indépendance et au nouvel idéal du travail qui l'accompagne. La question que nous devrions nous poser est bien plutôt de trouver les moyens de sécuriser davantage les trajectoires d'individus exposés à des parcours professionnels plus aventureux, mais légitimement guidés par de nouvelles formes d'émancipation. Pour cela, il est impératif d'attacher la protection sociale aux personnes plutôt qu'au statut d'emploi : elle deviendra ainsi le statut de ceux qui n'en ont pas. Il serait également pertinent de protéger davantage ceux qui en ont besoin et moins ceux qui n'en ont pas besoin : c'est le projet d'un « droit de l'activité professionnelle ».

Dans le même temps, il devrait être demandé aux organisations collectives de travail d'enrichir les relations d'emploi qu'elles proposent aux actifs, en valorisant

1. Voir Carlo Rosselli, *Socialisme libéral* (1930), Paris, éd. du Jeu de Paume, 1987. Selon cet auteur, le socialisme n'est « Rien de plus que le développement logique poussé à ses extrêmes conséquences du principe de liberté [...]. Si on veut bien le comprendre dans son sens fondamental et le juger par ses résultats comme le mouvement concret d'émancipation du prolétariat, c'est le libéralisme en action : la liberté qui entre dans la vie des pauvres ». Et Rosselli d'ajouter : « La liberté sans l'accompagnement, le développement et le soutien d'un minimum d'autonomie économique, sans l'émancipation des nécessités matérielles, n'existe pas pour l'individu, c'est un simple fantasme. »

davantage les organisations responsabilisantes, l'autonomie dans le travail, la confiance dans les relations de collaboration, ainsi que le dialogue social et une plus grande implication des travailleurs dans la gouvernance des entreprises. Il ne s'agit pas tellement de défendre le salariat, mais l'idée même de l'entreprise comme collectivité unie dans un but commun.

Inutile de poursuivre ici la liste des préconisations qui découlent d'une politique de l'autonomie. L'essentiel est d'en poser les premiers principes. De ce point de vue, la défense des individus en quête d'autonomie et celle des opprimés en quête de sécurité et de reconnaissance ne sont pas deux combats si différents l'un de l'autre. S'ils ne sont pas menés de front, il y a fort à parier que les chemins continueront de s'écarter entre un imaginaire d'émancipation adossé à une innovation sociale dynamique mais condamnée à demeurer dans les coulisses de la démocratie et un tumulte populiste assis sur une légitime révolte des perdants, mais une révolte rétrécie aux dimensions d'une rage antimoderne incapable de renouer avec le progrès.

Les progressistes français souffrent fondamentalement de leur incapacité à penser la liberté en dehors de l'expérience historique de l'État social libérateur tel qu'ils l'ont connu dans les décennies d'après-guerre. Ils doivent désormais cesser de croire que la liberté se résume aux conditions sociales de l'indépendance matérielle et qu'elle ne peut être défendue que par des allocations et des droits nouveaux. Leur contribution à l'émancipation des individus ne peut plus procéder seulement d'une action institutionnelle de délivrance des contraintes immédiates. Ce dont l'État social devrait avoir le souci, ce n'est plus seulement de compenser, corriger, panser, mais de rendre possible, d'armer, d'aider les gens à construire leur destin. Cette politique de l'autonomie n'est pas une politique libérale, mais une politique sociale pour un temps libéral. Elle n'exonère nullement l'État et la collectivité de leurs responsabilités : au contraire, elle réordonne leurs priorités et leurs interventions. Elle ne les dispense pas non plus de sollicitude à l'égard des plus faibles car l'échec de l'accès à l'autonomie est aussi le leur.

Table

RÉALISATION : NORD COMPO À VILLENEUVE-D'ASCQ
IMPRESSION : CPI FRANCE
DÉPÔT LÉGAL : JANVIER 2017. N° 132836 (138631)
Imprimé en France